English - Bengali

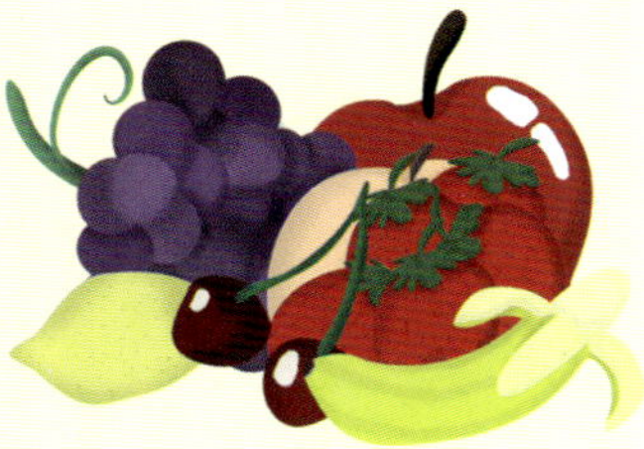

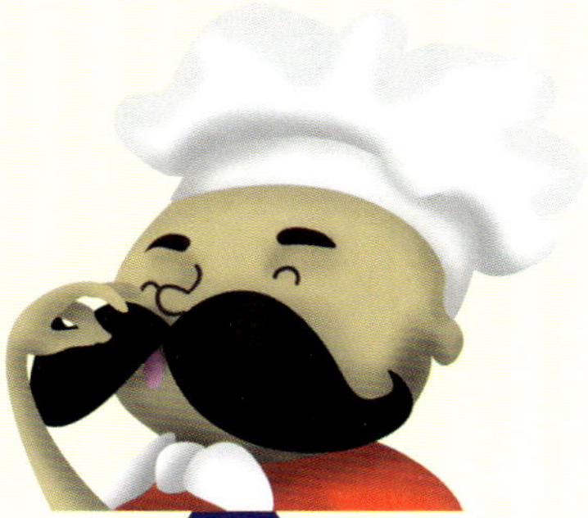

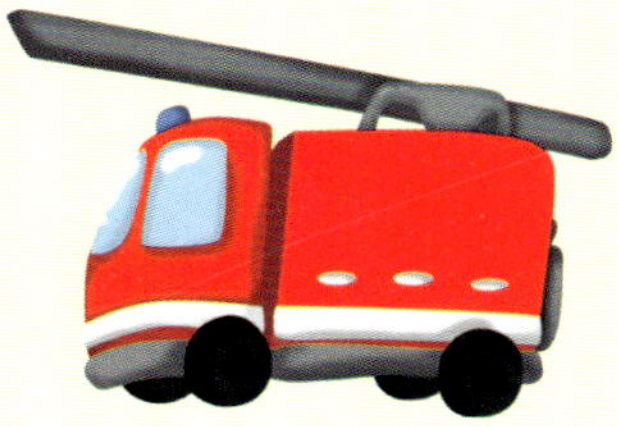

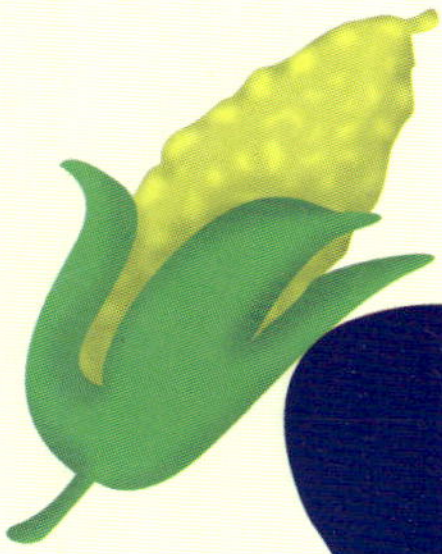

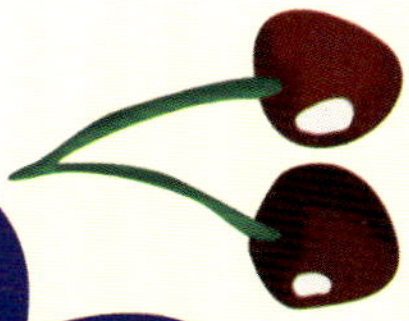

My first Picture Dictionary

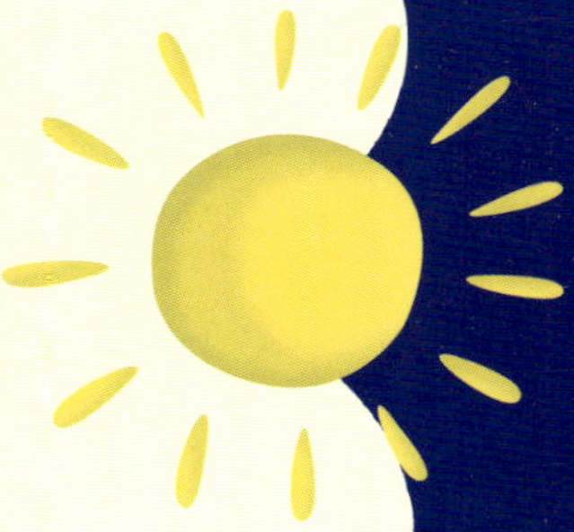

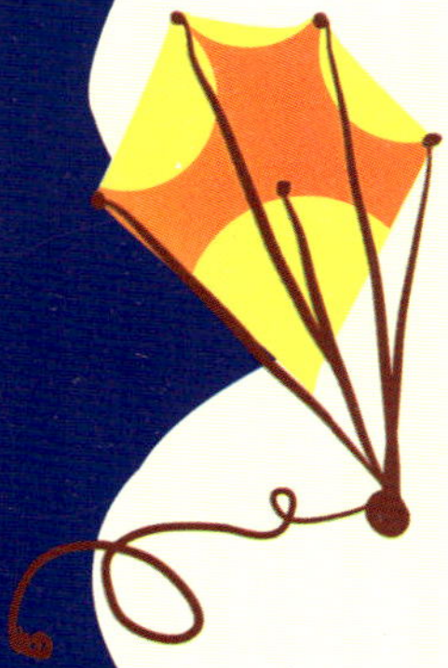

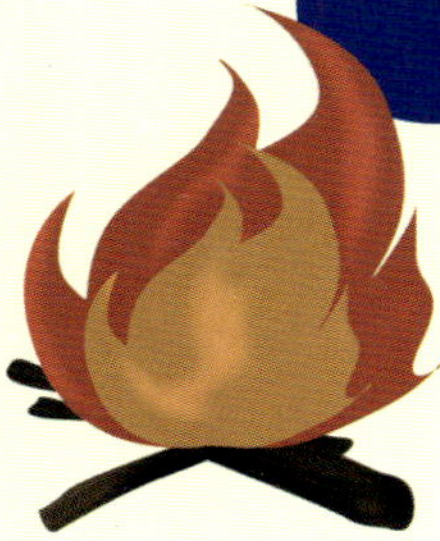

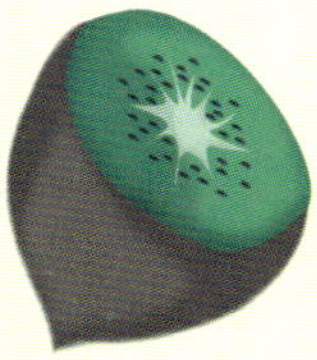

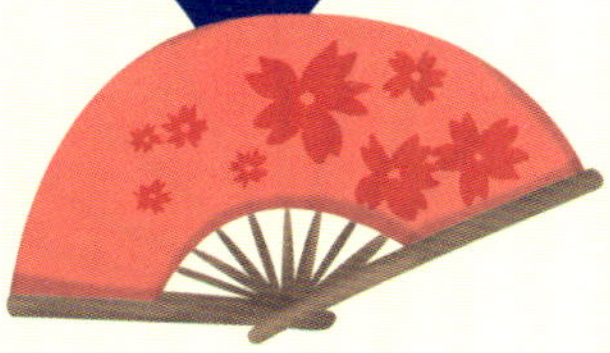

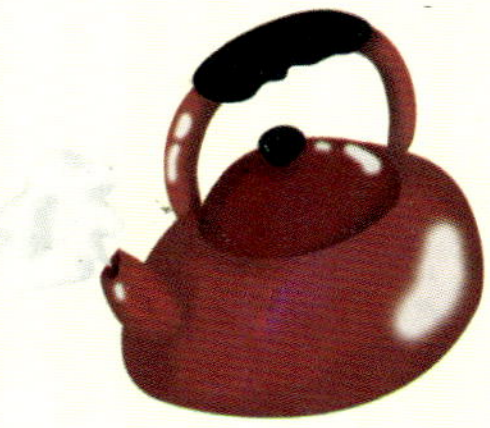

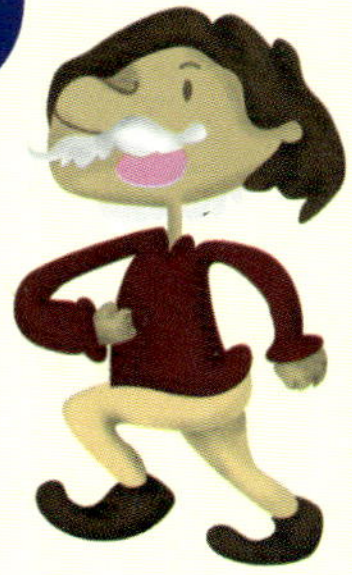

Designed and edited by : Maria Watson
Translated by : Moumita Barak

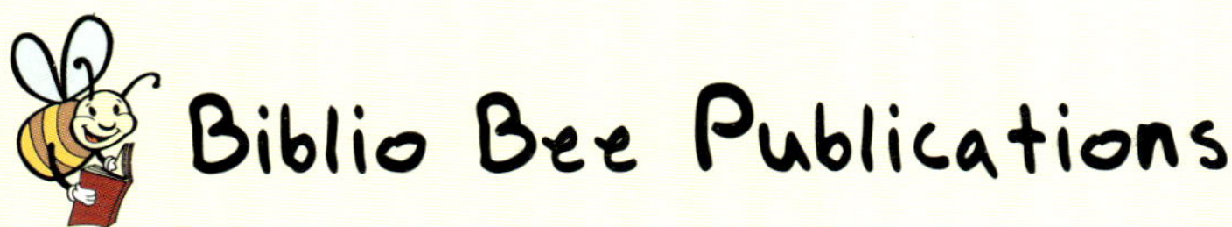

English - Bengali
My First Picture Dictionary

ISBN: 978 1 908357 75 5

Published by
Biblio Bee Publications
An imprint of **ibs BOOKS (UK)**
56, Langland Crescent, Stanmore HA7 1NG, U.K.
Tel: 020 8900 2640, Fax: 020 3621 6116,
email: sales@starbooksuk.com, www.starbooksuk.com

First Edition : 2017
Reprint : 2022

Printed at : Star Print-O-Bind, New Delhi-110 020 (India)

This dictionary has been published in the following languages:
Albanian, Amharic, Arabic, Bengali, Bulgarian, Cantonese, Croatian, Czech, Farsi French, Gujarati, Haitian Creole, Hindi, Hungarian, Italian, Korean, Latvian, Levantine Lithuanian, Mandarin, Pashto, Polish, Portuguese, Punjabi, Romanian, Russian, Slovak Spanish, Tagalog, Tamil, Turkish, Urdu and Vietnamese.

Aa

actor

অভিনেতা abhineta

actress

অভিনেত্রী abhinetri

adult

প্রাপ্তবয়স্ক
praptoboyosko

aeroplane

US English **airplane**

বিমান biman

air conditioner

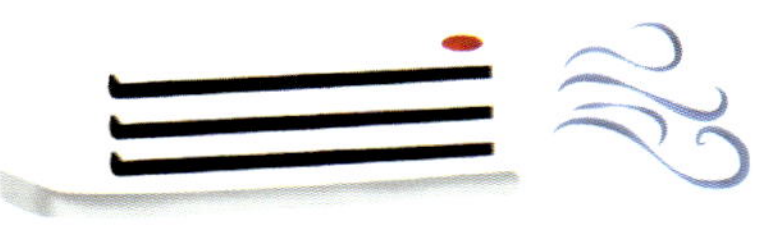

শীততাপ নিয়ন্ত্রক যন্ত্র
shitotap niyantrak jantra

air hostess

US English **flight attendant**

বিমানসেবিকা
bimansebika

airport

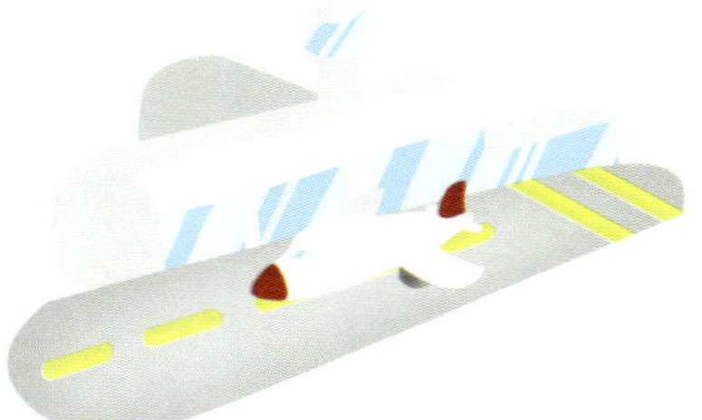

বিমানবন্দর
bimanbandar

album

এ্যালবাম ayalbam

almond

বাদাম badam

alphabet

বর্ণমালা barnamala

ambulance

এ্যাম্বুলেন্স ambulance

angel

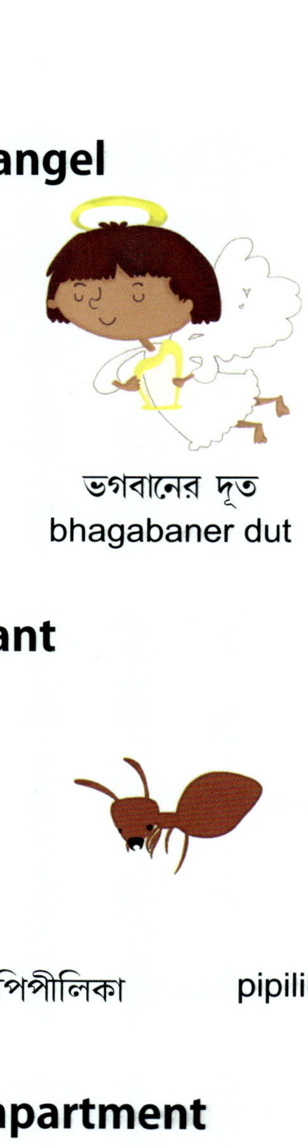

ভগবানের দূত
bhagabaner dut

animal

পশু poshu

ankle

গোড়ালি gorali

ant

পিপীলিকা pipilika

antelope

হরিণ বিশেষ
harin bishes

antenna

শুঙ্গ sunga

apartment

কামরা kamra

ape

বাঁদর bandor

apple

আপেল apel

apricot

খুবানি khubani

apron

পরিচ্ছদ-রক্ষক বহিরাবরণ
parichchod-rakshok bohirabaron

aquarium

এ্যাকোয়ারিয়াম
ayakoyariyam

archery

ধনুর্বিদ্যা dhanurbidya

architect

স্থপতি sthapati

arm

বাহু baahu

armour
US English **armor**

বর্ম bormo

arrow

তীর teer

artist

শিল্পী shilpi

asparagus

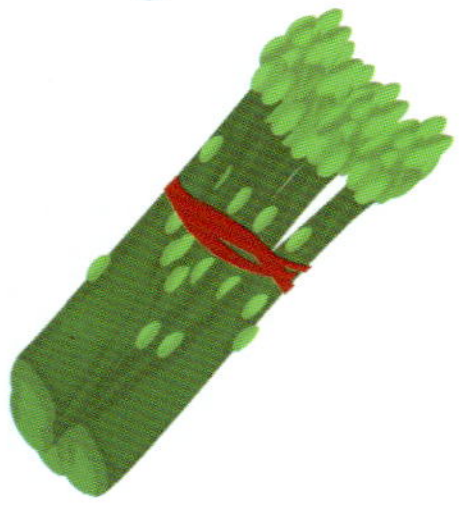

শতমূলী shatamuli

astronaut

নভশ্চর nabhoschor

astronomer

গ্রহ-নক্ষত্র বিশারদ
graha-nakshatra bisharad

athlete

ক্রীড়াবিদ krirabid

atlas

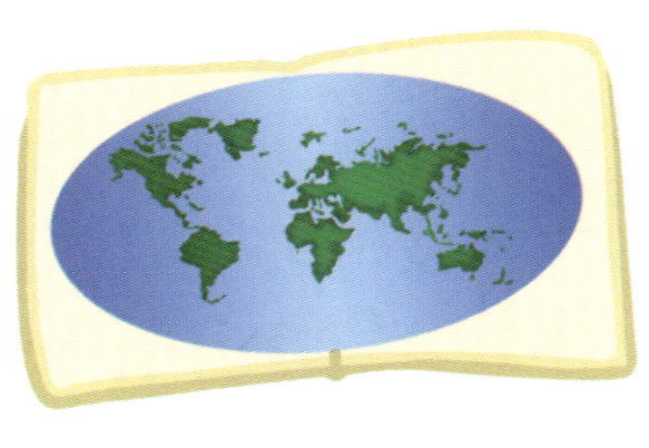

মানচিত্রাবলী
manachitrabali

aunt

কাকী kaki

a b c d e f g h i j k l m n o p q r s t u v w x y z

a b c d e f g h i j k l m n o p q r s t u v w x y z

author

লেখক lekhok

automobile

মোটরগাড়ি motorgari

autumn

শরৎ sarat

avalanche

তুষার-ধ্বস tusar-dhwas

award

পুরস্কার puroskar

axe

কুঠার kuthar

Bb

baby

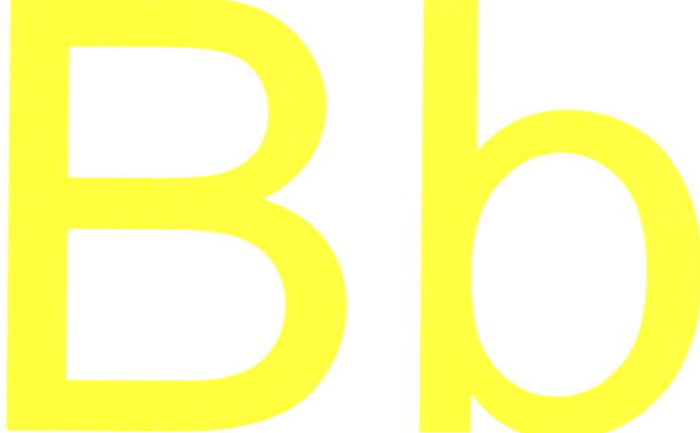

বাচ্চা bachcha

back

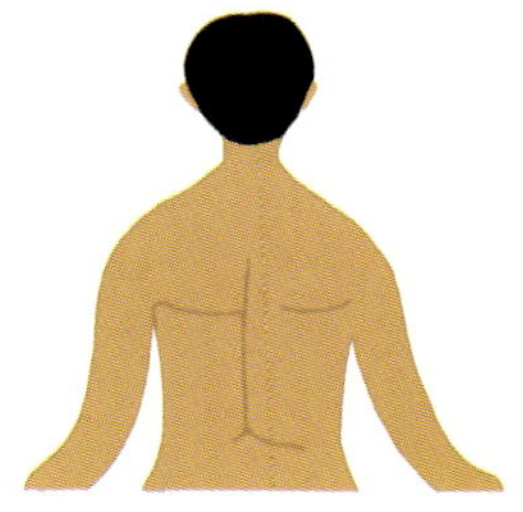

পিছনে pichone

bacon

বেকন bekon

badge

তকমা tokma

badminton

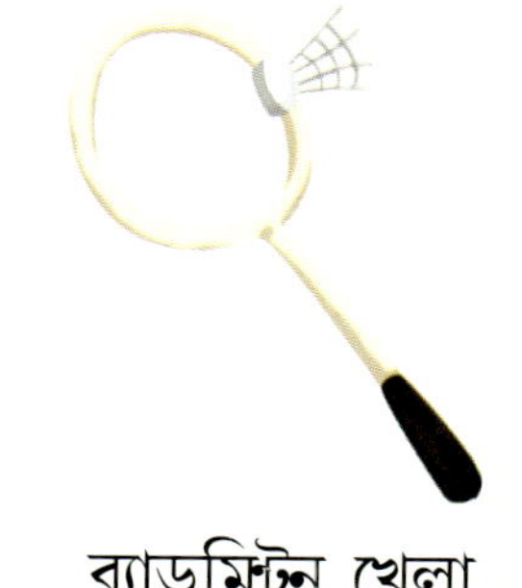

ব্যাডমিন্টন খেলা
byadminton khela

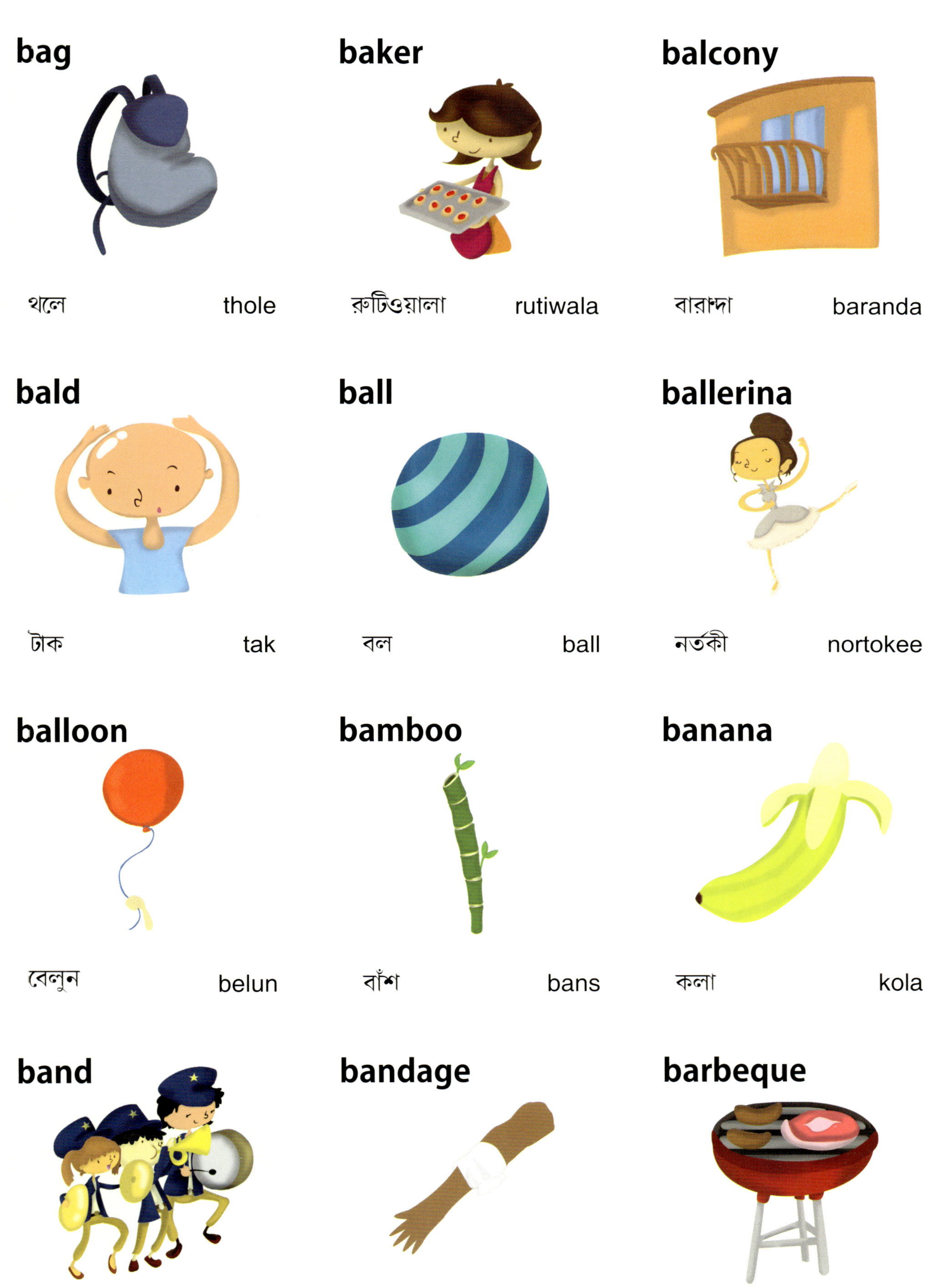

bag

থলে thole

baker

রুটিওয়ালা rutiwala

balcony

বারান্দা baranda

bald

টাক tak

ball

বল ball

ballerina

নর্তকী nortokee

balloon

বেলুন belun

bamboo

বাঁশ bans

banana

কলা kola

band

দল dol

bandage

ব্যাণ্ডেজ byandej

barbeque

বারবিকিউ barbikiu

a
b
c
d
e
f
g
h
i
j
k
l
m
n
o
p
q
r
s
t
u
v
w
x
y
z

barn

শষ্যাগার sasyagar

barrel

পিপা pipa

baseball

আমেরিকা যুক্তরাষ্ট্রের জাতীয় খেলা
amerika juktarastrer jatiyo khela

basket

ঝুড়ি jhuri

basketball

বাস্কেটবল basketbol

bat

বাদুড় badur

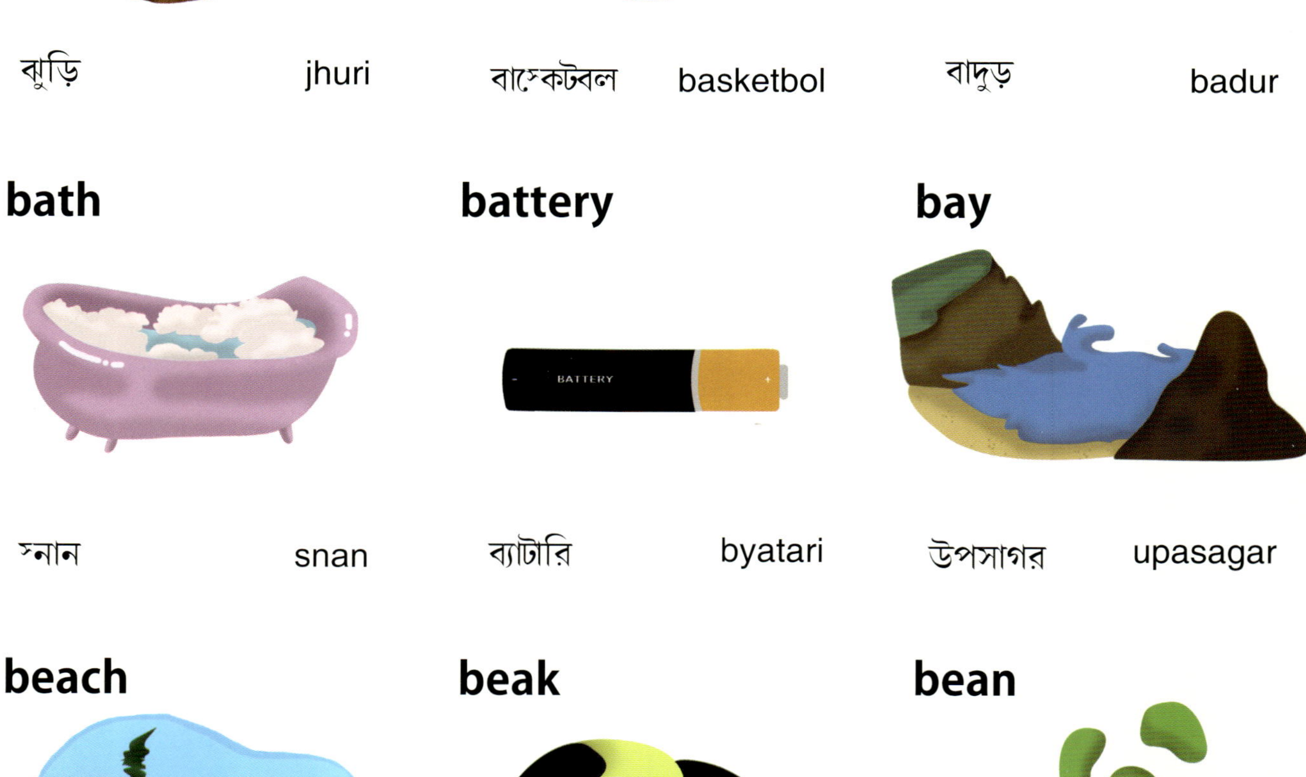

bath

স্নান snan

battery

ব্যাটারি byatari

bay

উপসাগর upasagar

beach

সৈকত saikat

beak

ঠোঁট thonth

bean

শিম sim

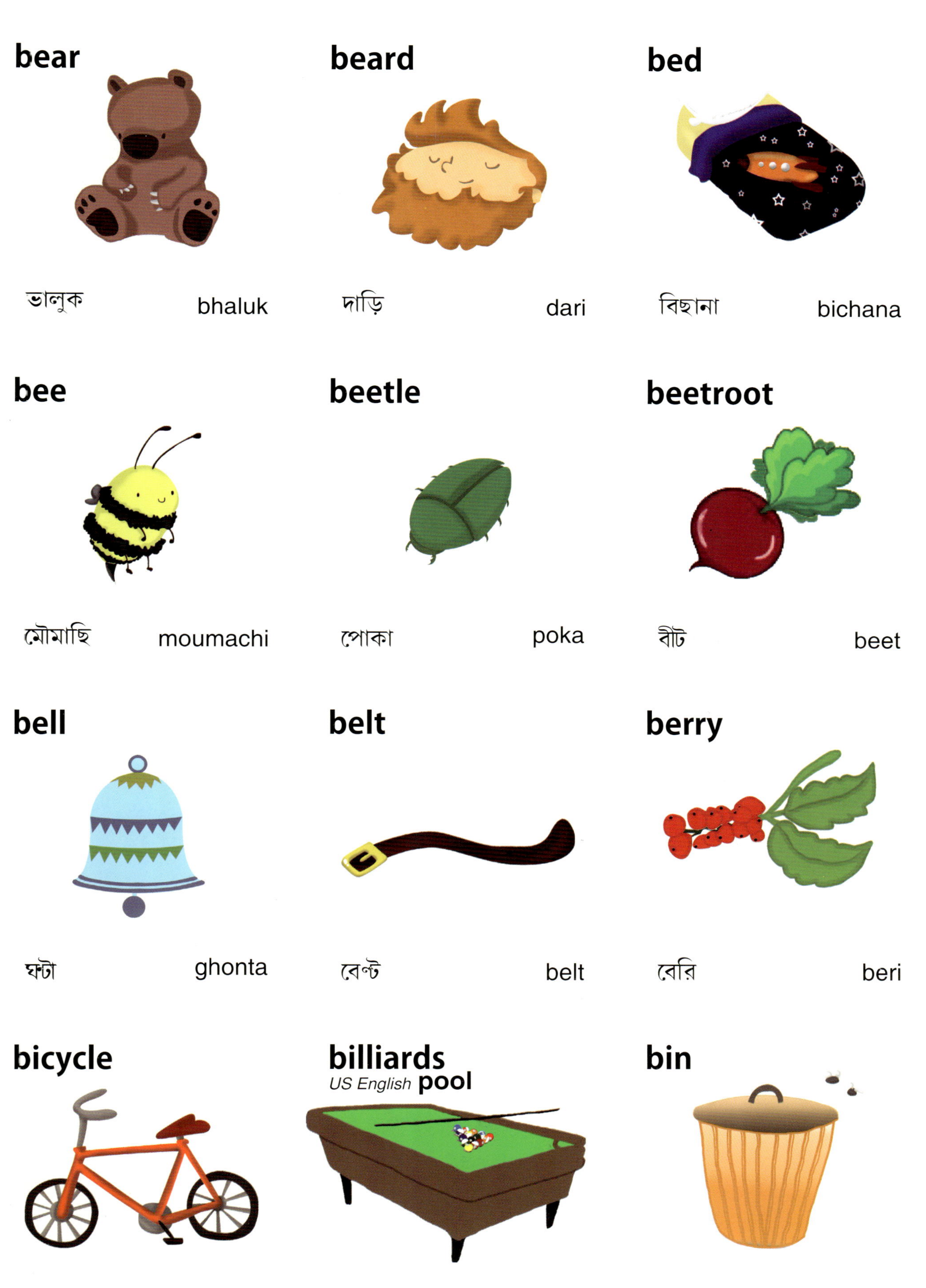

bear
ভালুক bhaluk

beard
দাড়ি dari

bed
বিছানা bichana

bee
মৌমাছি moumachi

beetle
পোকা poka

beetroot
বীট beet

bell
ঘন্টা ghonta

belt
বেল্ট belt

berry
বেরি beri

bicycle
সাইকেল saikel

billiards
US English **pool**
বিলিয়ার্ড biliyard

bin
বিন bin

bird

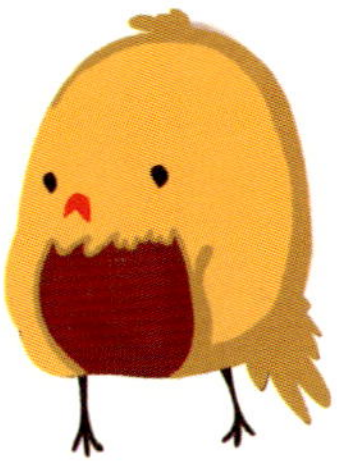

পাখী pakhee

biscuit

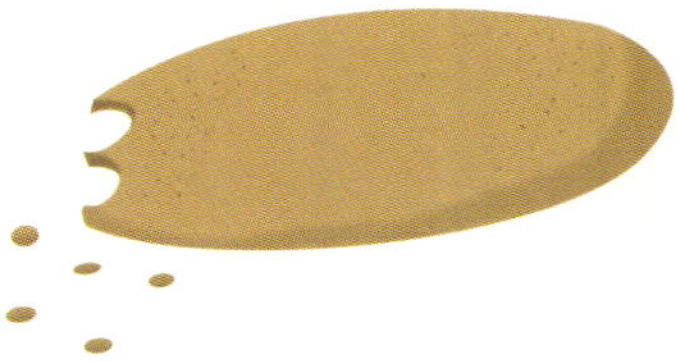

বিস্কুট biskut

black

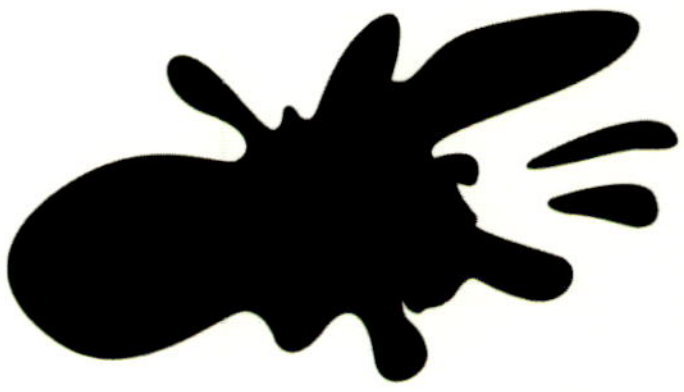

কালো kalo

blackboard

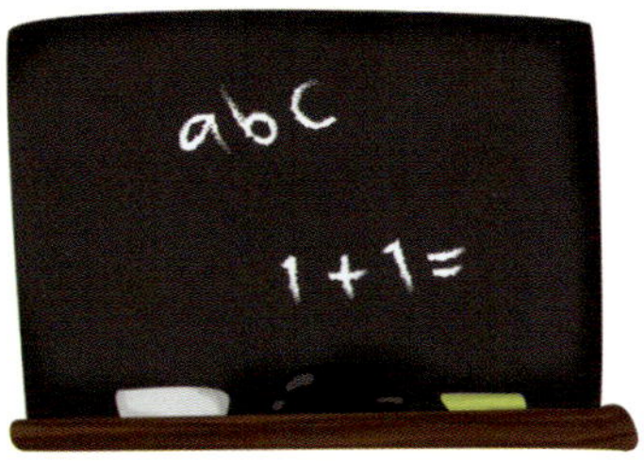

বিদ্যালয়ে লিপির জন্য তক্তা
bidyalaye lipir janya takta

blanket

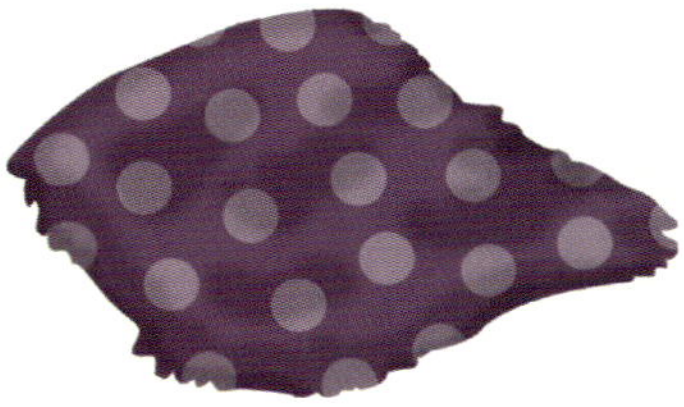

কম্বল kambal

blizzard

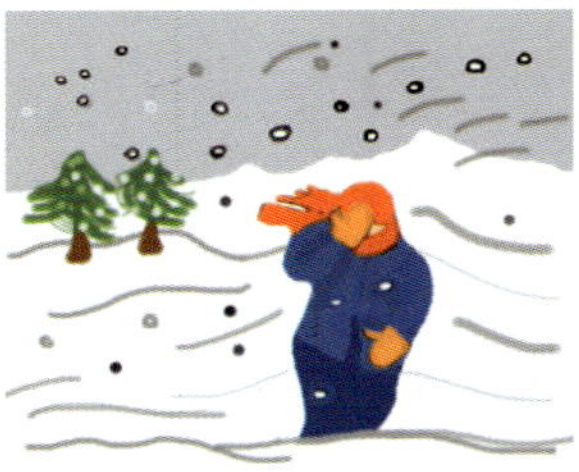

প্রবল তুষারঝড়
probol tusharjhar

blood

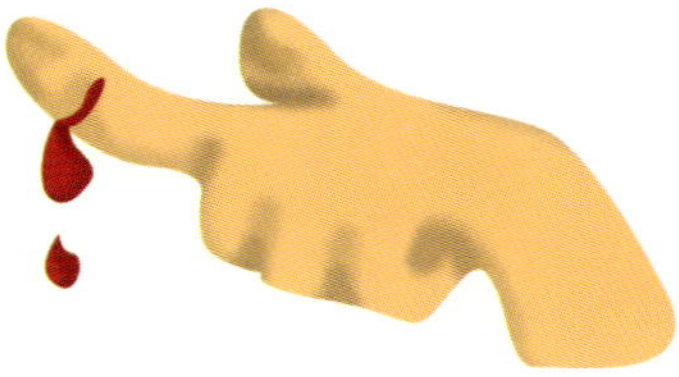

রক্ত rokto

blue

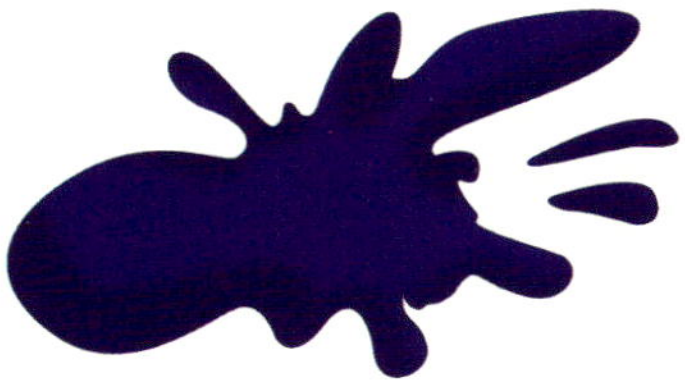

নীল neel

boat

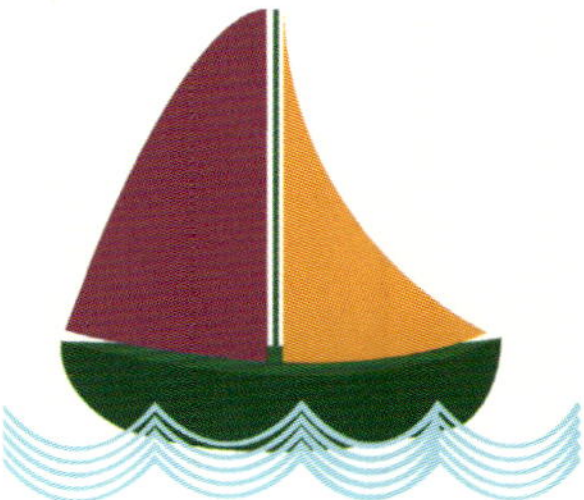

নৌকা nouka

body

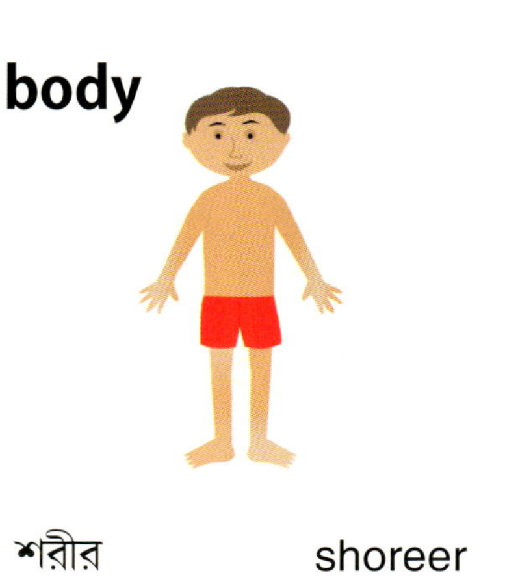

শরীর shoreer

bone

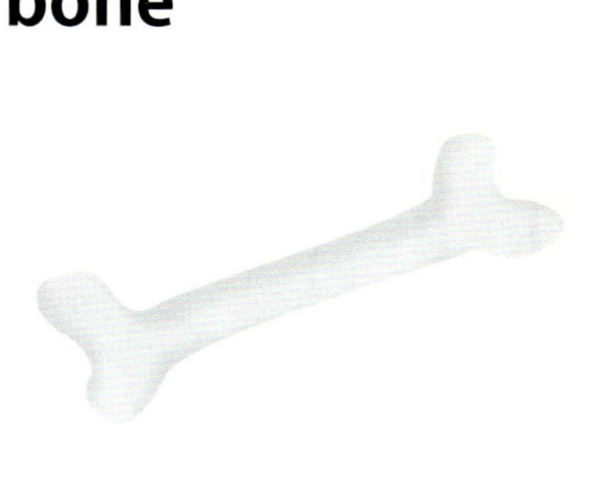

হাড় har

book

বই boi

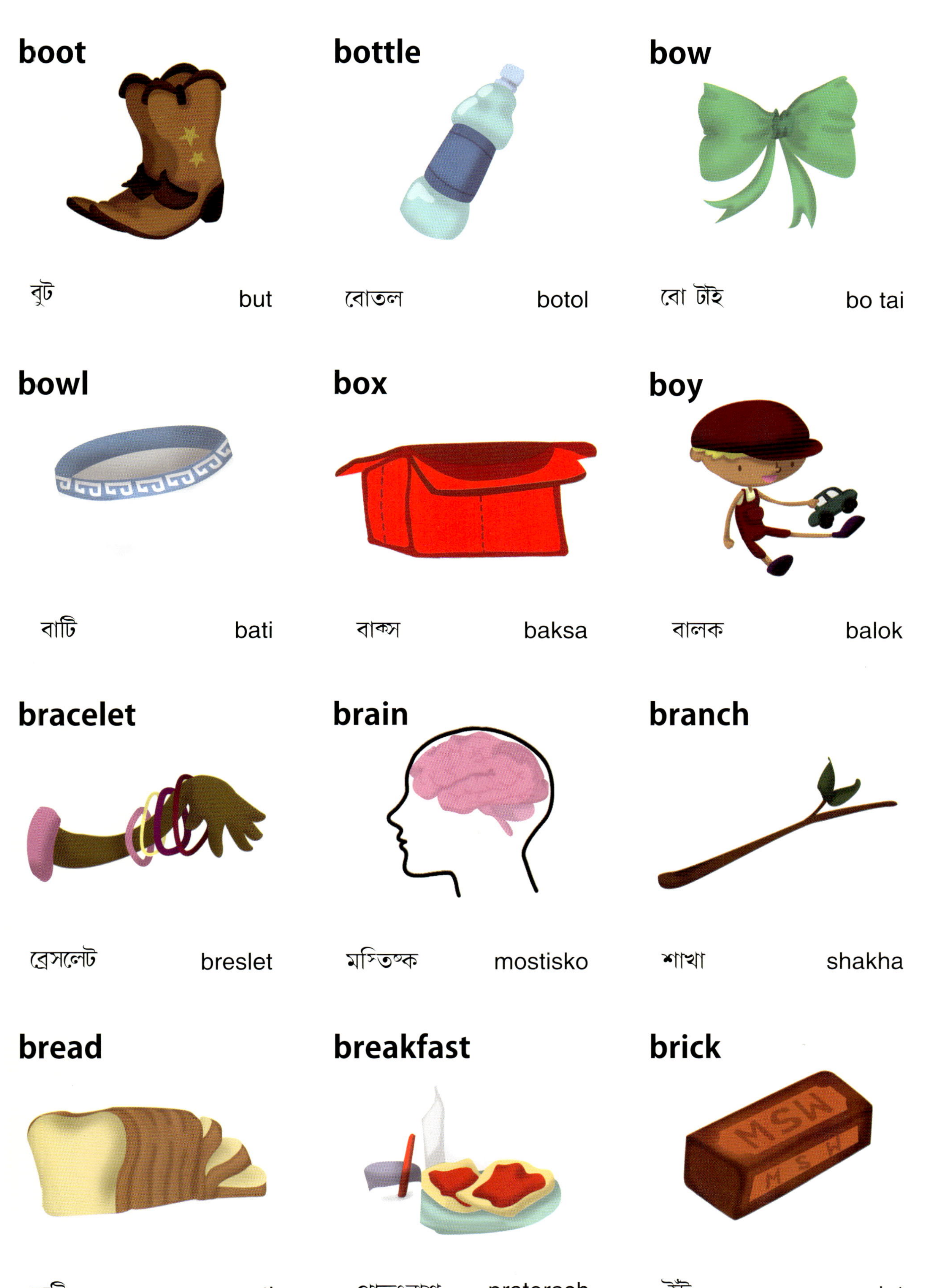

boot
বুট but
bottle
বোতল botol
bow
বো টাই bo tai
bowl
বাটি bati
box
বাক্স baksa
boy
বালক balok
bracelet
ব্রেসলেট breslet
brain
মস্তিষ্ক mostisko
branch
শাখা shakha
bread
রুটি ruti
breakfast
প্রাতঃরাশ pratorash
brick
ইঁট int

a
b
c
d
e
f
g
h
i
j
k
l
m
n
o
p
q
r
s
t
u
v
w
x
y
z

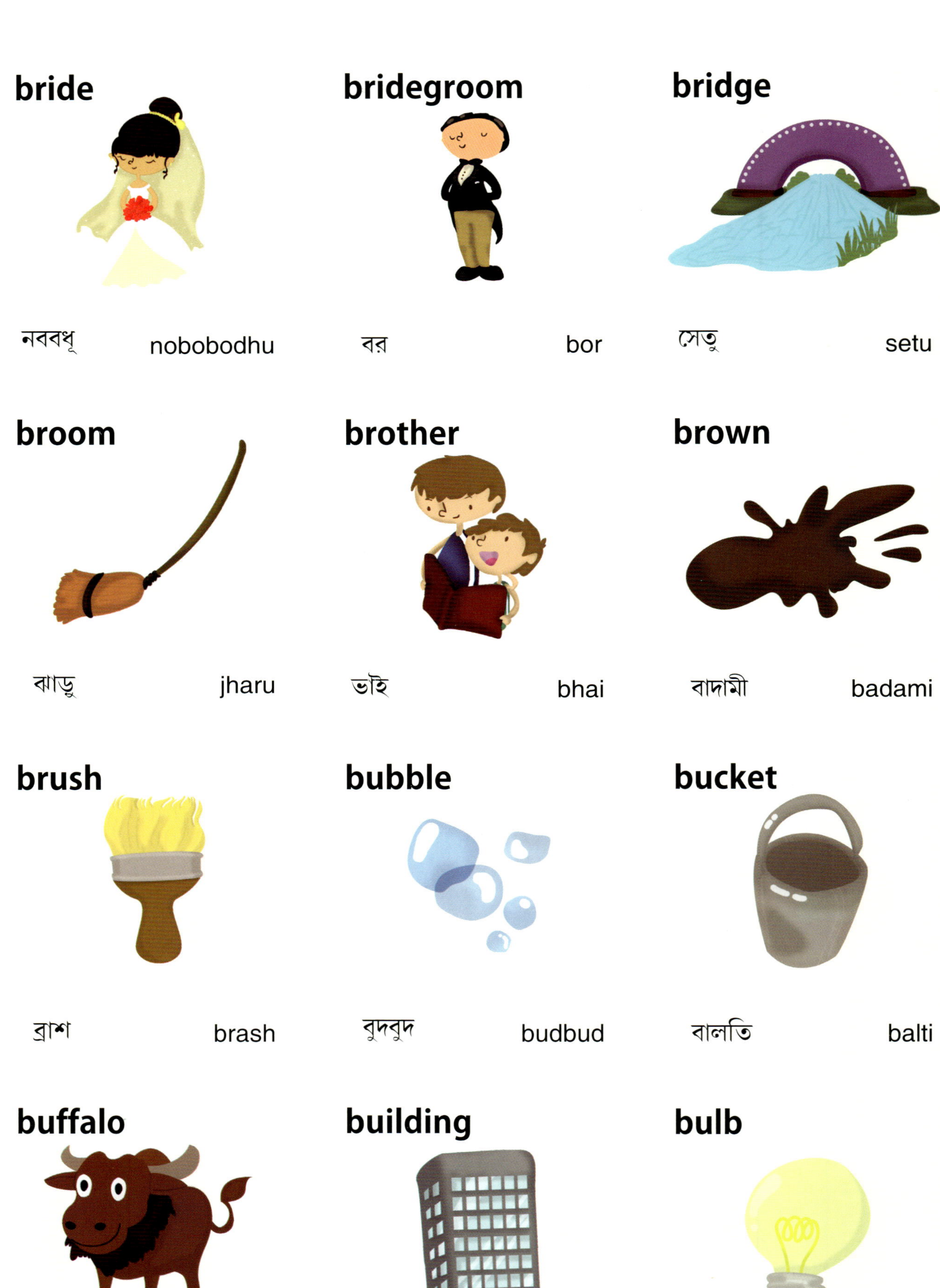

bride

নববধূ nobobodhu

bridegroom

বর bor

bridge

সেতু setu

broom

ঝাড়ু jharu

brother

ভাই bhai

brown

বাদামী badami

brush

ব্রাশ brash

bubble

বুদবুদ budbud

bucket

বালতি balti

buffalo

মহিষ mohish

building

ভবন bhobon

bulb

বাল্ব bulb

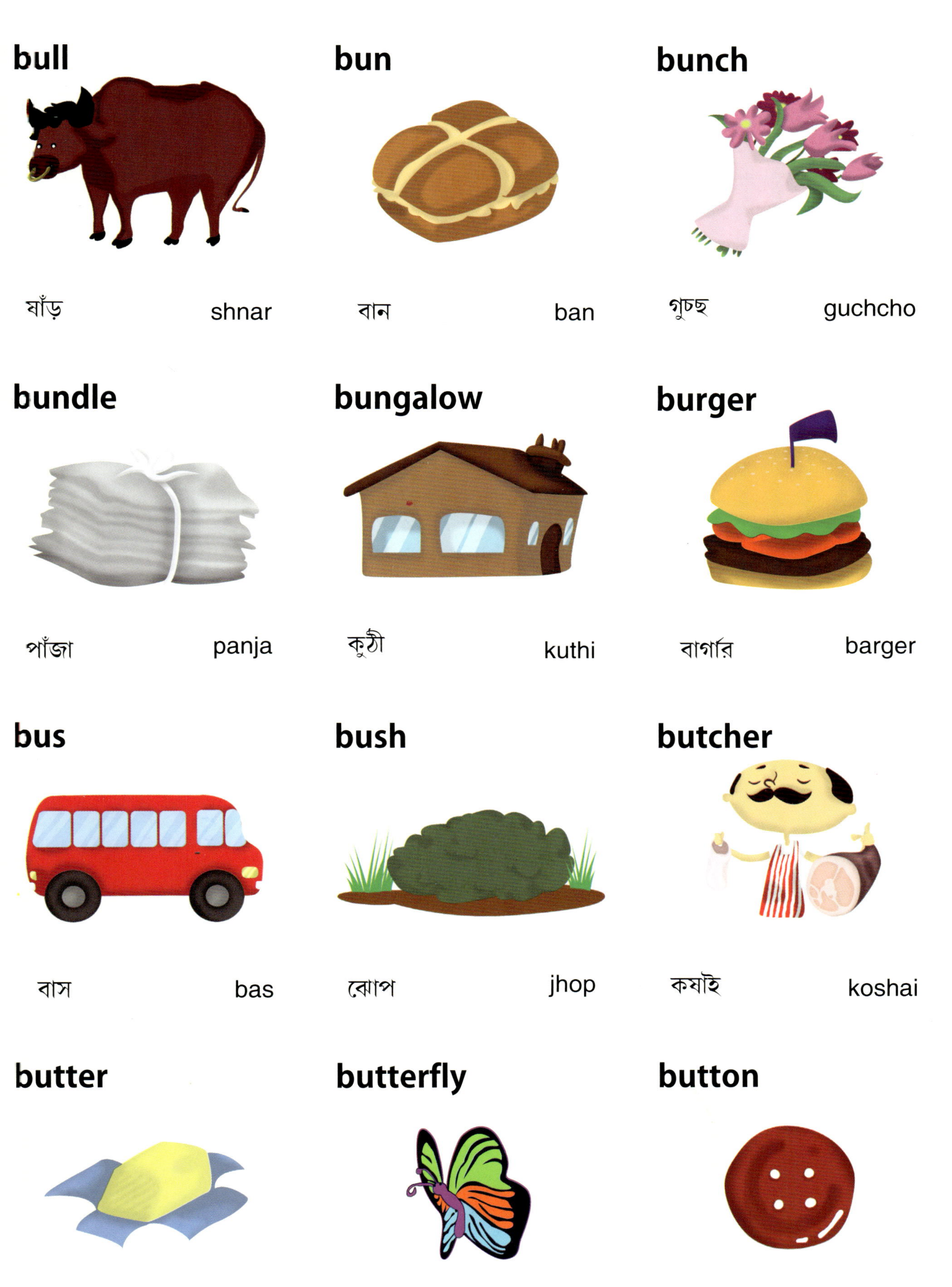

a
b
c
d
e
f
g
h
i
j
k
l
m
n
o
p
q
r
s
t
u
v
w
x
y
z

a
b
c
d
e
f
g
h
i
j
k
l
m
n
o
p
q
r
s
t
u
v
w
x
y
z

Cc

cabbage

বাঁধাকপি bandhakopi

cabinet

ঢাকা দেওয়া তাক
dhaka dea tak

cable

তার tar

cable car

কেবল কার kebol kar

cactus

ফনিমনসা phonimonsa

cafe

কাফে kafe

cage

খাঁচা khancha

cake

কেক kek

calculator

হিসাবকারী hisabkari

calendar

ক্যালেণ্ডার kyalendar

calf

বাছুর bachur

camel

উট utt

camera

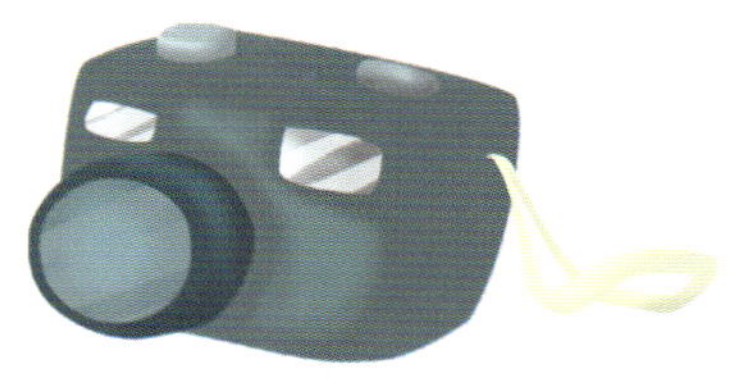

ক্যামেরা kyamera

camp

শিবির shibir

can

ক্যান kyan

canal

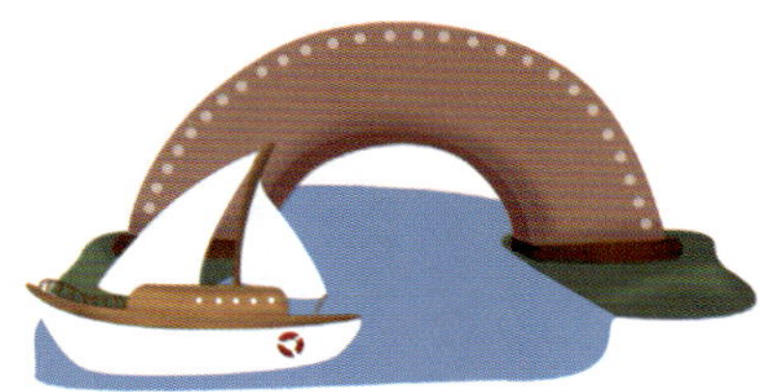

খাল khal

candle

মোমবাতি mombati

canoe

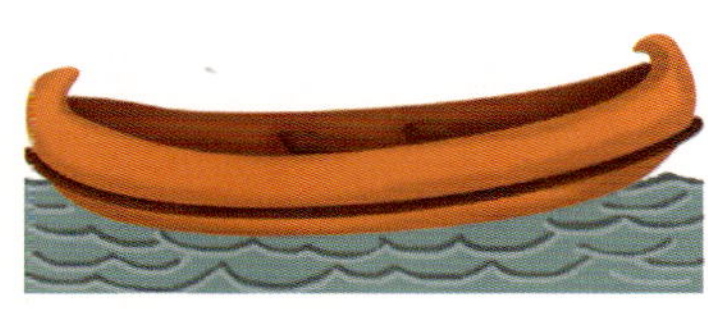

ছোট নৌকা
chhoto nouka

canteen

ক্যান্টিন kyantin

cap

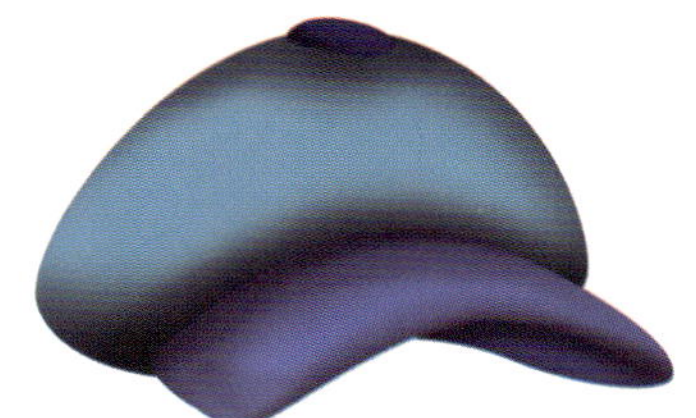

টুপি tupi

captain

অধিনায়ক adhinayak

car

গাড়ী gari

caravan

ভ্যান bhyan

card

কার্ড kard

carnival

ভ্রাম্যমাণ আনন্দমেলা
bhrammoman anandmela

carpenter

সূত্রধর sutradhar

carpet

কার্পেট karpet

carrot

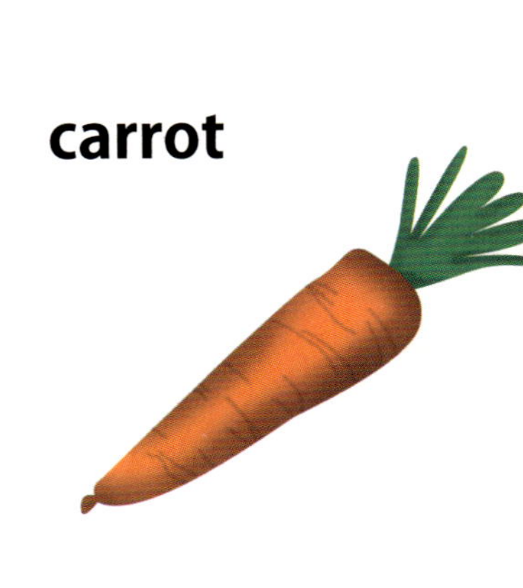

গাজর gajor

cart

হাতে ঠেলা গাড়ী
hate thela gari

cartoon

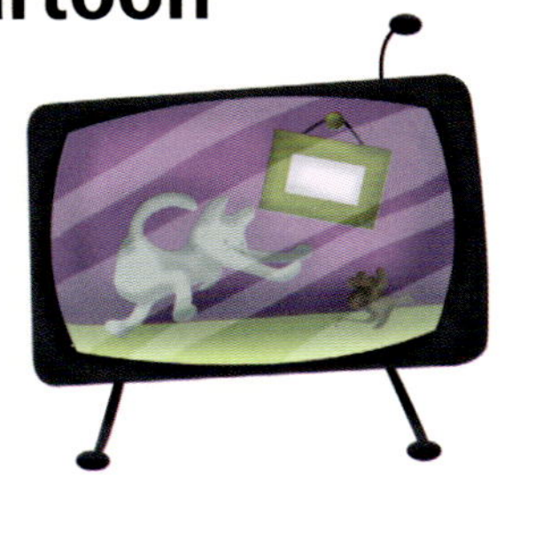

কার্টুন kartun

cascade

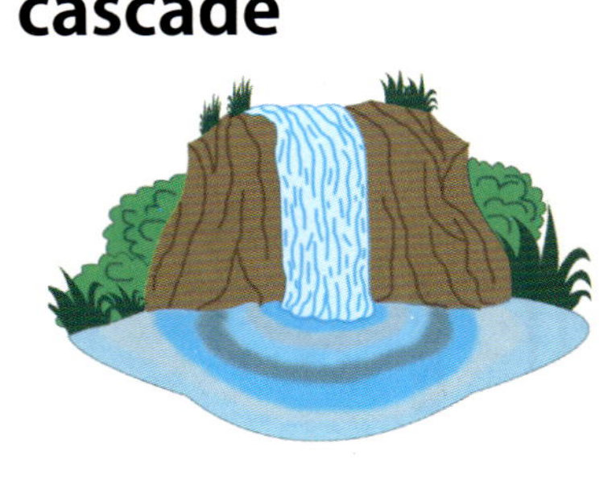

নির্ঝর nirjhar

castle

দূর্গ durgo

cat

বিড়াল biral

caterpillar

শুঁয়াপোকা
shuyanpoka

cauliflower

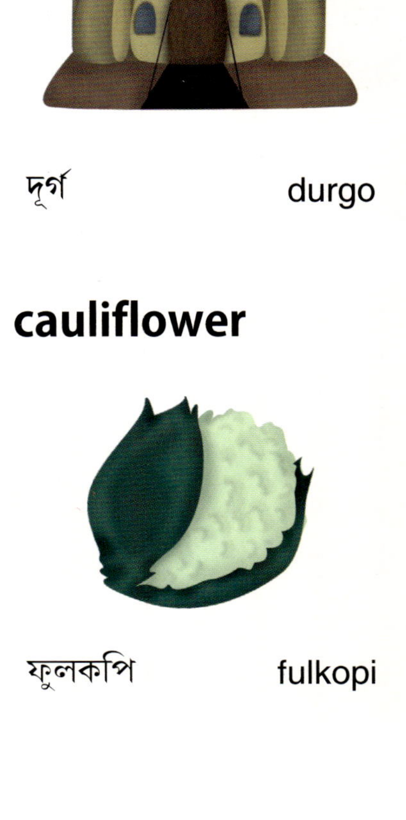

ফুলকপি fulkopi

cave

গুহা guha

ceiling

ছাদ chhad

centipede

শতপদী satapdi

centre
US English **center**

কেন্দ্র kendro

cereal

খাদ্যশস্য
khadyosashya

chain

চেন chen

chair

চেয়ার cheyar

chalk

খড়ি khori

cheek

গাল gal

cheese

পনীর poneer

chef

রাঁধুনী randhuni

cherry

চেরি cheri

a b c d e f g h i j k l m n o p q r s t u v w x y z

a b c d e f g h i j k l m n o p q r s t u v w x y z

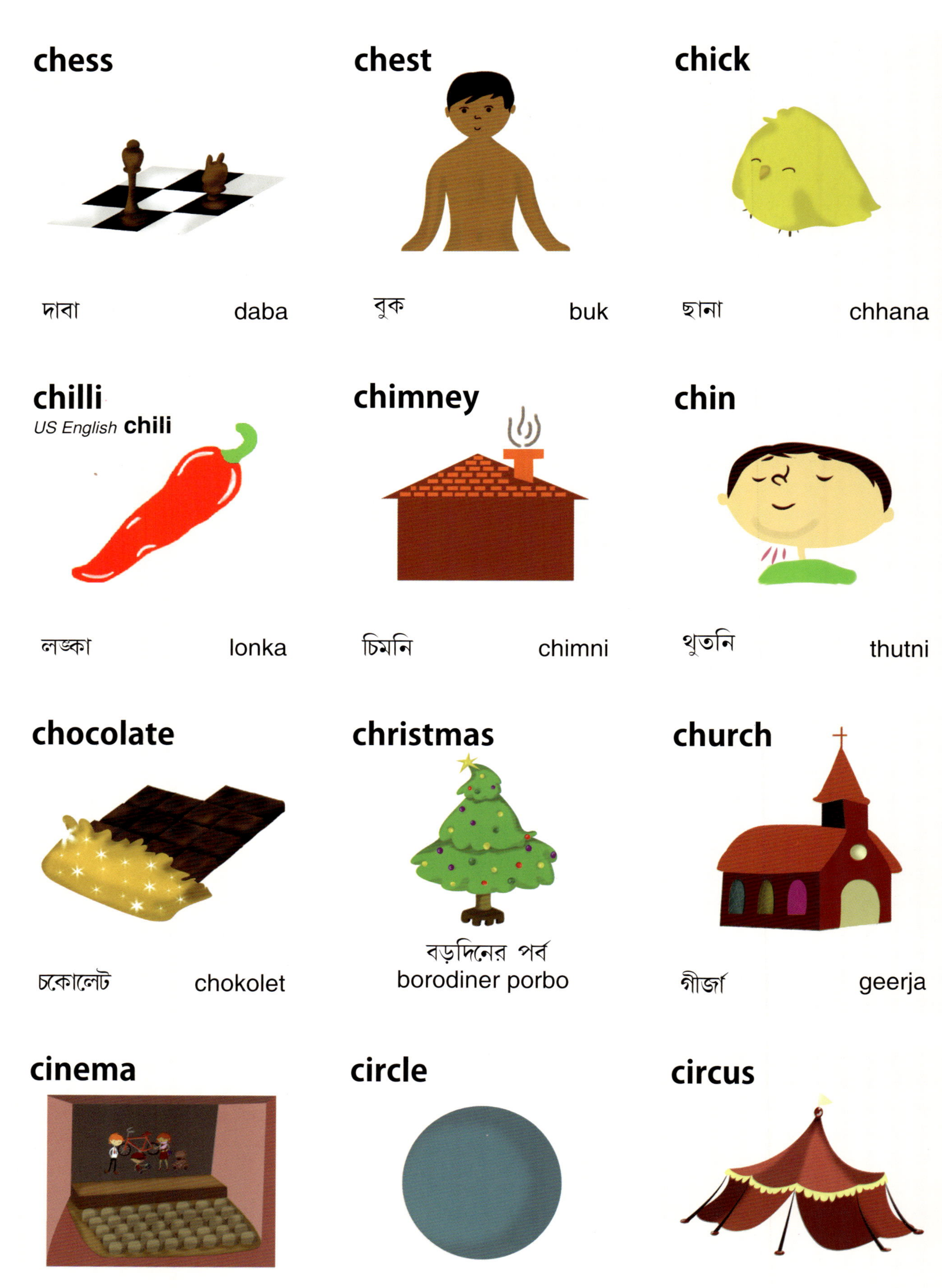

chess

দাবা daba

chest

বুক buk

chick

ছানা chhana

chilli

US English **chili**

লঙ্কা lonka

chimney

চিমনি chimni

chin

থুতনি thutni

chocolate

চকোলেট chokolet

christmas

বড়দিনের পর্ব
borodiner porbo

church

গীর্জা geerja

cinema

সিনেমা sinema

circle

বৃত্ত britto

circus

সার্কাস sarkas

city

শহর sahar

classroom

শ্রেণী কক্ষ
shrenee kakhya

clinic

ক্লিনিক klinik

clock

ঘড়ি ghori

cloth

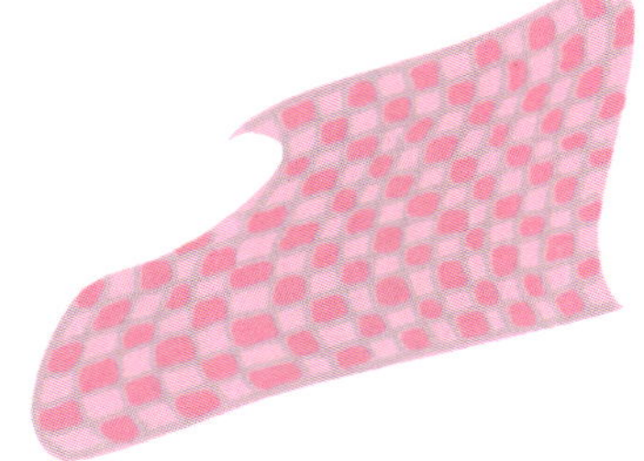

কাপড় kapor

cloud

মেঘ megh

clown

জোকার jokar

coal

কয়লা koila

coast

উপকূল upokul

coat

কোট kot

cobra

গোখরো সাপ
gokhro sap

cockerel

US English **rooster**

মোরগ morog

a b c d e f g h i j k l m n o p q r s t u v w x y z

cockroach
আরশোলা arshola
coconut
নারকেল narkel
coffee
কফি kofi
coin
মুদ্রা mudra
colour
US English color
রঙ rang
comb
চিরুনী chiruni
comet
ধূমকেতু dhumketu
compass
N
W
E
S
কম্পাস kompas
computer
কম্প্যুটার komputer
cone
শঙ্কু shonku
container
আধার adhar
cook
রাঁধুনী randhunee

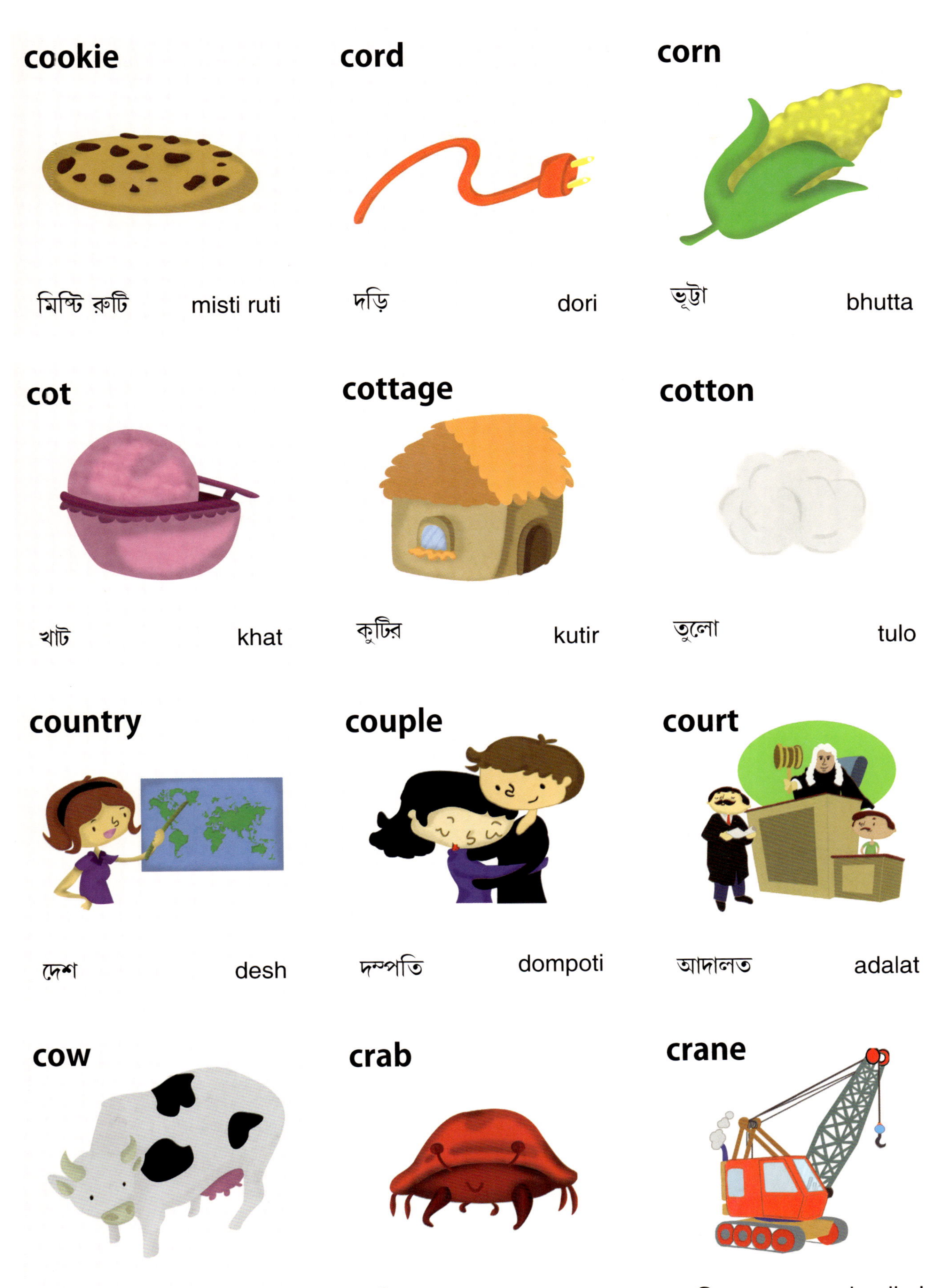

cookie

মিষ্টি রুটি misti ruti

cord

দড়ি dori

corn

ভুট্টা bhutta

cot

খাট khat

cottage

কুটির kutir

cotton

তুলো tulo

country

দেশ desh

couple

দম্পতি dompoti

court

আদালত adalat

cow

গাভী gabhi

crab

কাঁকড়া kankra

crane

কপিকল kapikal

a b c d e f g h i j k l m n o p q r s t u v w x y z

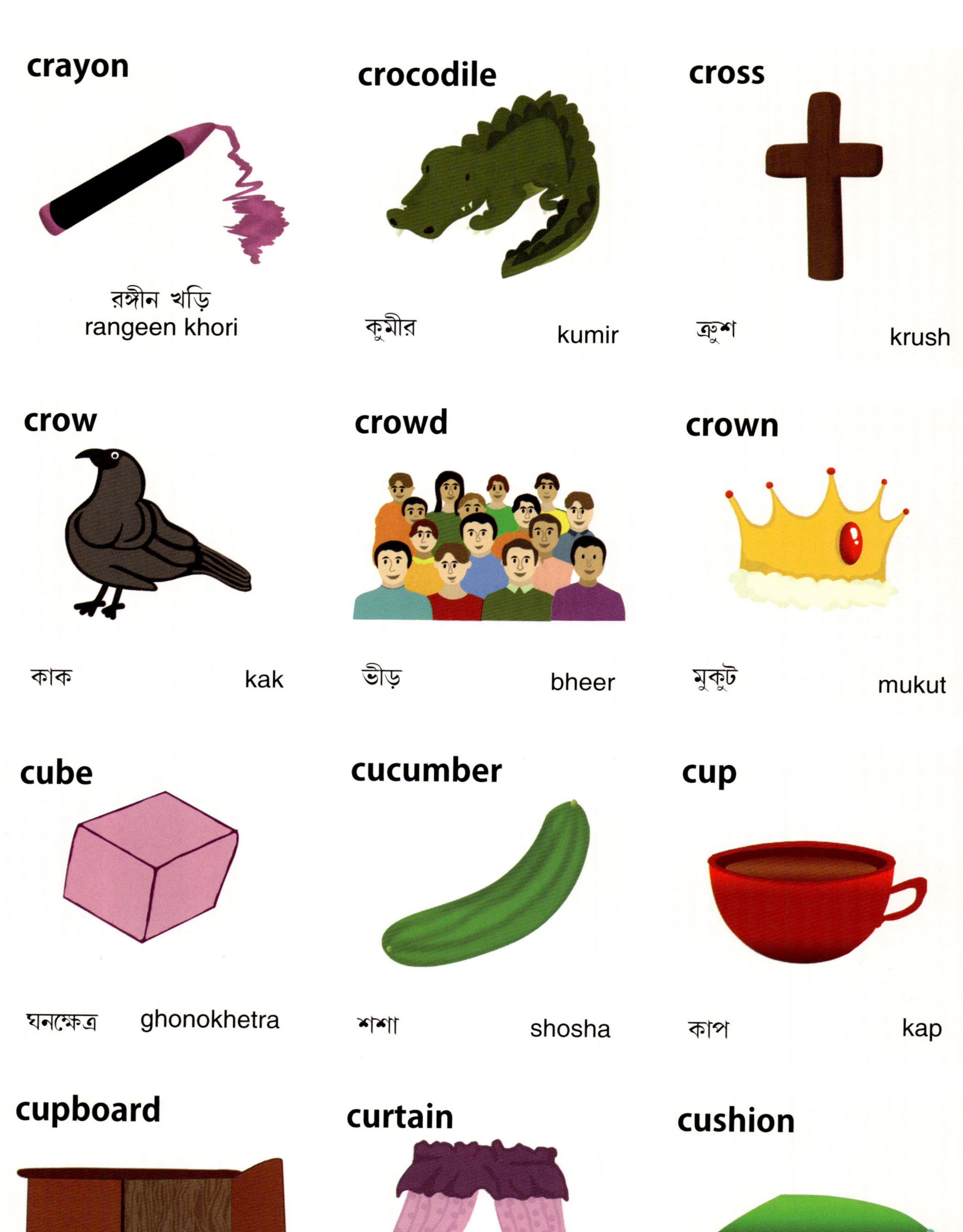

crayon
রঙ্গীন খড়ি
rangeen khori

crocodile
কুমীর kumir

cross
ক্রুশ krush

crow
কাক kak

crowd
ভীড় bheer

crown
মুকুট mukut

cube
ঘনক্ষেত্র ghonokhetra

cucumber
শশা shosha

cup
কাপ kap

cupboard
আলমারী almaree

curtain
পর্দা porda

cushion
গদী godee

Dd

dam

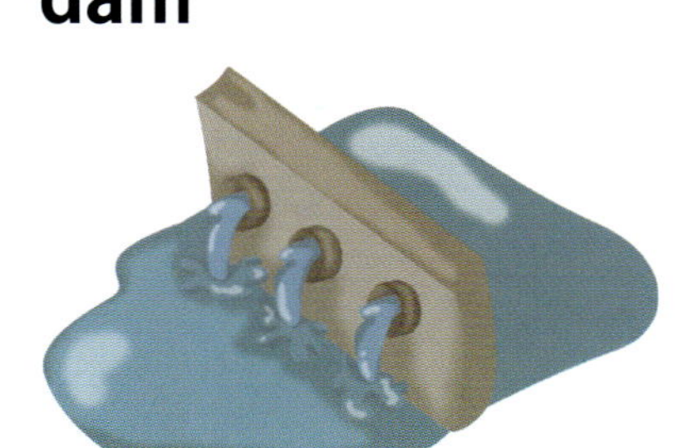

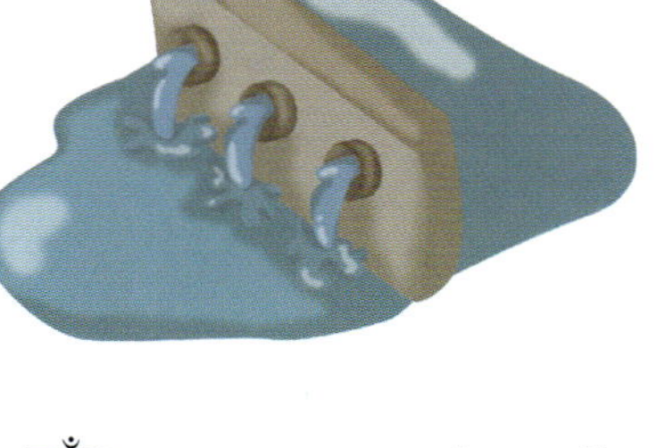

বাঁধ bandh

dancer

নর্তকী nartakī

dart

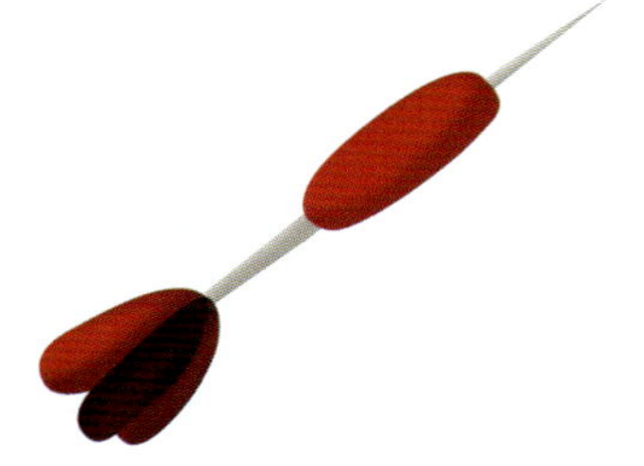

বাণ baan

data

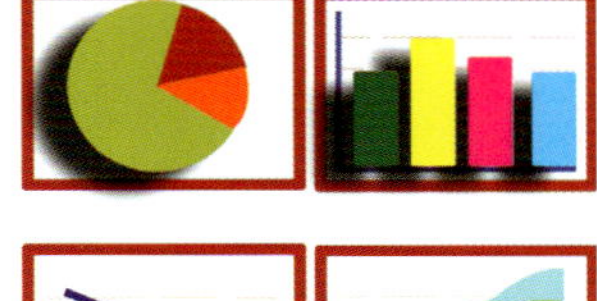

উপাত্ত upatta

dates

তারিখ tarikh

daughter

কন্যা kanya

day

দিন din

deck

ডেক dek

deer

হরিণ harin

den

গর্ত garta

dentist

দাঁতের ডাক্তার
danter daktar

desert

মরুভূমি marubhumi

design

নক্শা naksha

desk

ডেস্ক desk

dessert

ডেজার্ট dejert

detective

গোয়েন্দা goyenda

diamond

হীরা heera

diary

দিনলিপি dinlipi

dice

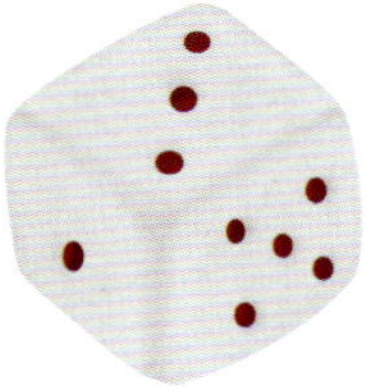

পাশা pasha

dictionary

অভিধান abhidhan

dinosaur

অধুনালুপ্ত সরীসৃপ বিশেষ
adhunalupta sarisrip bishes

disc

ডিস্ক disk

dish

থালা thala

diver

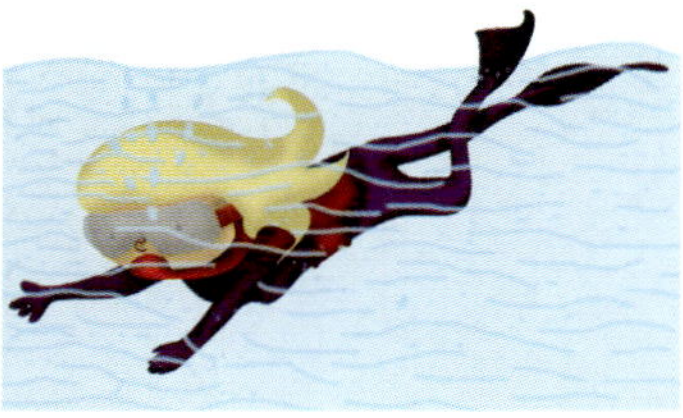

ডুবুরী duburee

dock

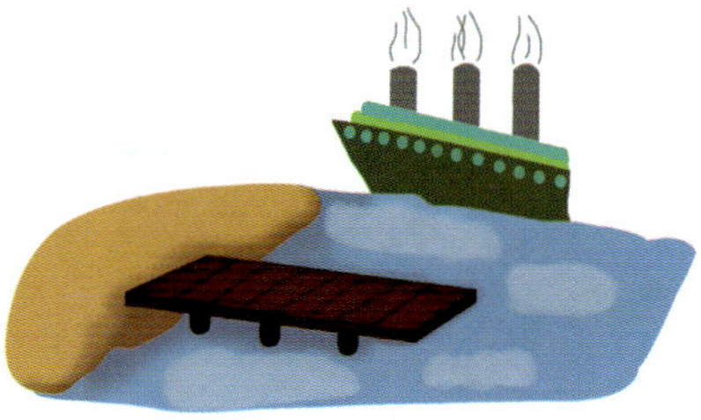

বন্দর bandar

doctor

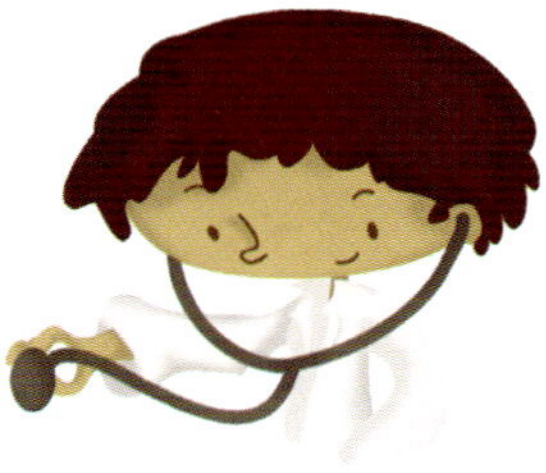

ডাক্তার daktar

dog

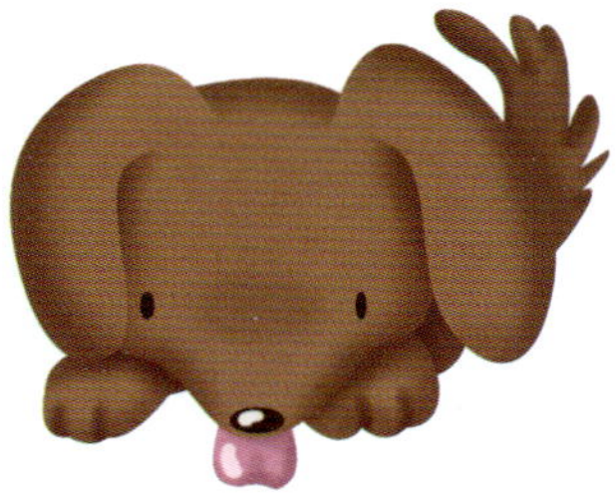

কুকুর kukur

doll

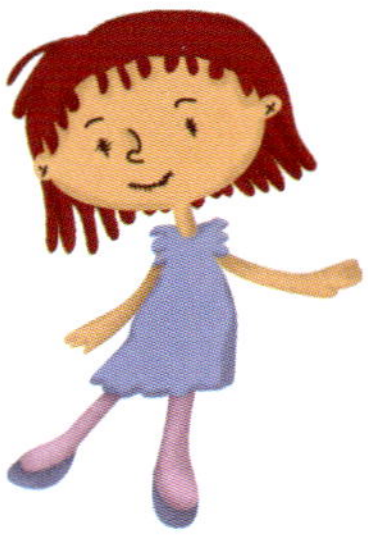

পুতুল putul

dolphin

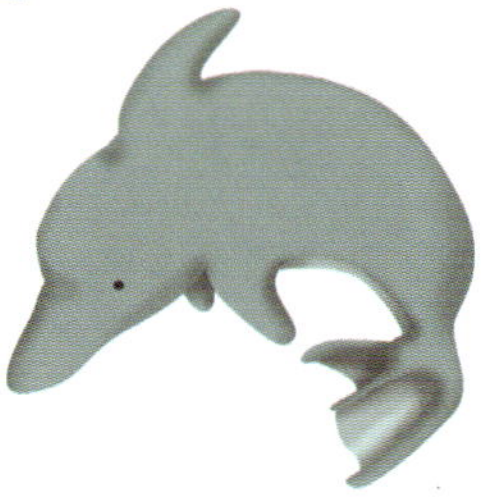

শুশুক shushuk

dome

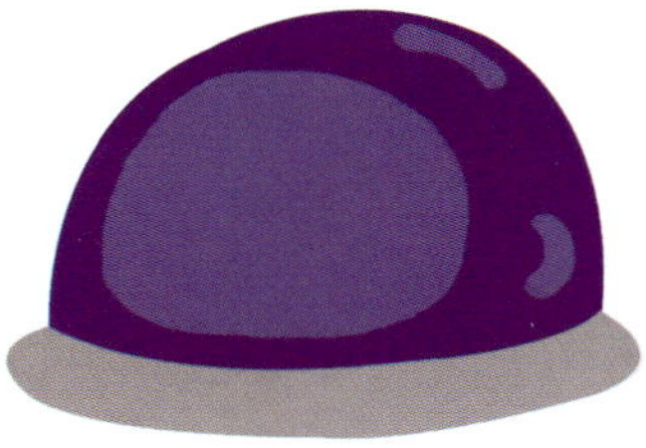

গম্বুজ gambuj

domino

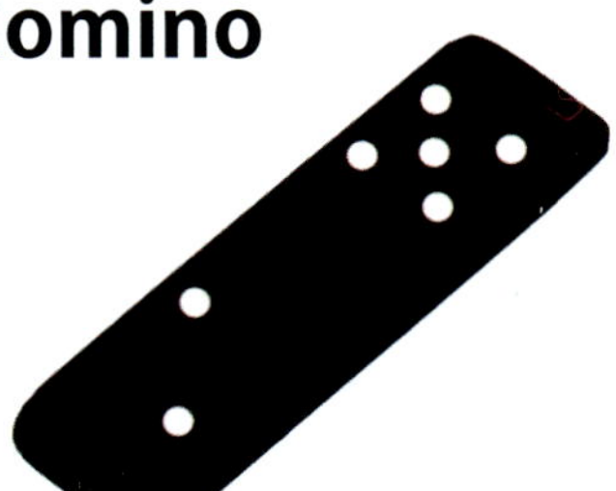

পৌর ক্রীড়াবিশেষ
paura krirabishes

donkey

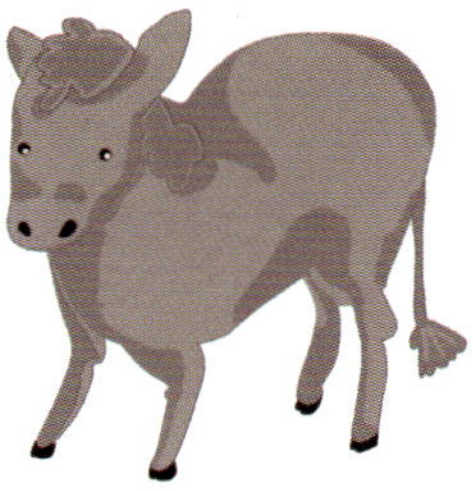

গাধা gadha

donut

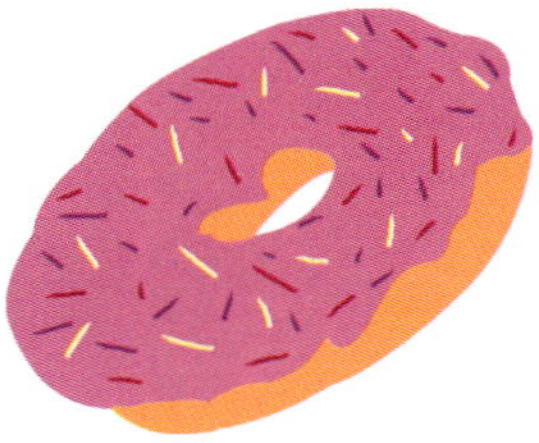

ডোনাট donut

door

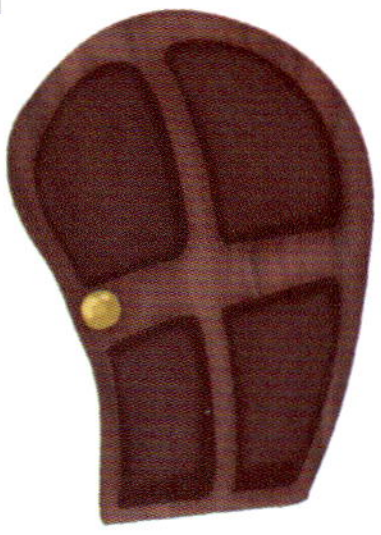

দরজা darja

dough

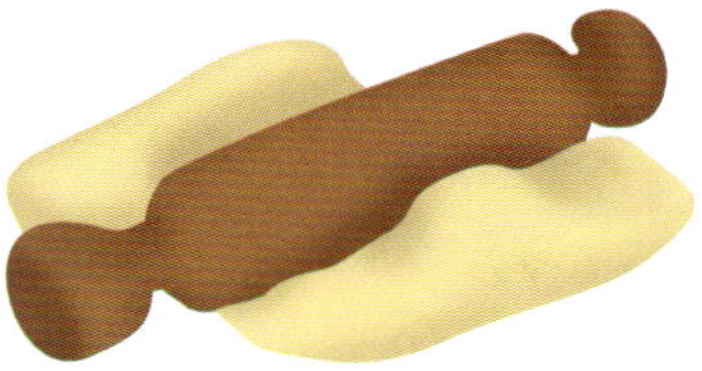

মাখা ময়দার তাল
makha moidar tal

dragon

ঘুড়ি বিশেষ
ghuri bishes

drain

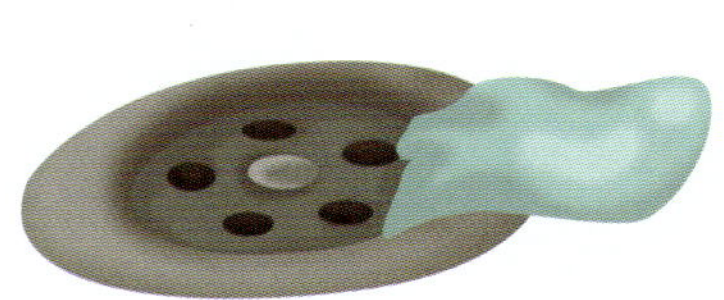

নর্দমা nardama

drawer

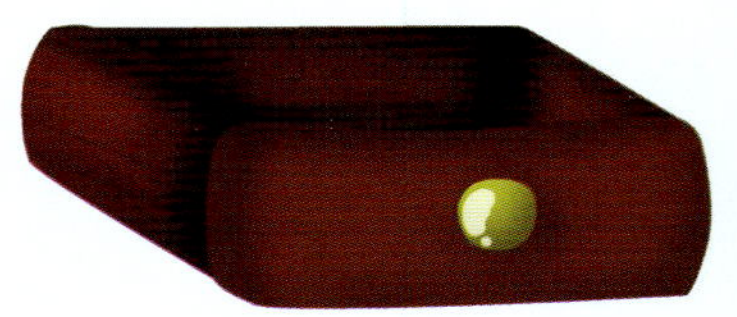

টানা tana

drawing

অঙ্কন ankan

dream

স্বপ্ন sapna

dress

পোশাক poshak

drink

পান করা pan kora

driver

চালক chalak

drop

বিন্দু bindu

drought

খরা khara

drum

ঢাক dhak

duck

হাঁস hans

dustbin
US English **trash can**

নোংরা ফেলার জায়গা
nongra pheler jayga

duvet

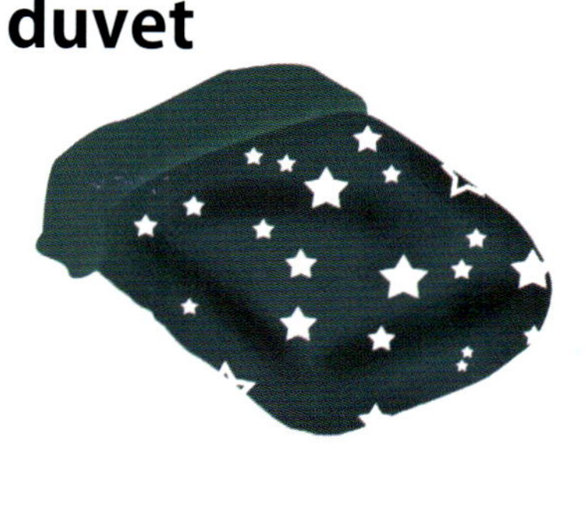

লেপ lep

dwarf

বামন bamon

eagle

ঈগল eagle

ear

কান kan

earring

কানের দুল kaner dul

earth

পৃথিবী prithibi

earthquake

ভূমিকম্প
bhumikampa

earthworm

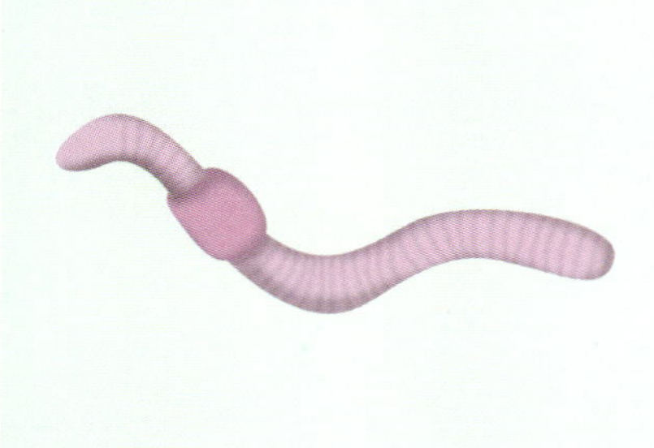

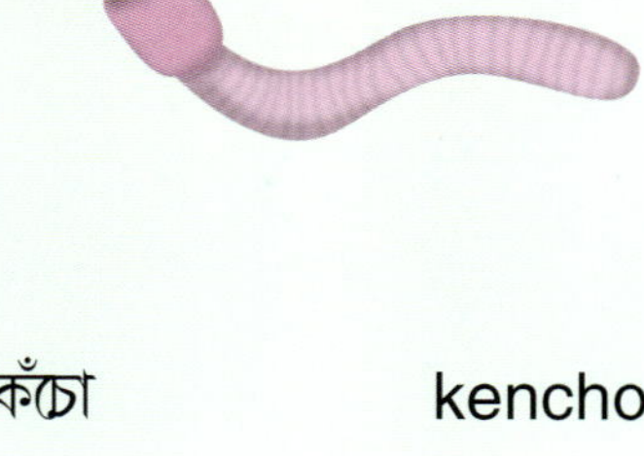

কেঁচো kencho

eclipse

গ্রহণ grahan

edge

প্রান্ত pranta

a b c d e f g h i j k l m n o p q r s t u v w x y z

eel

ইল eel

egg

ডিম dim

eight

আট aat

elastic

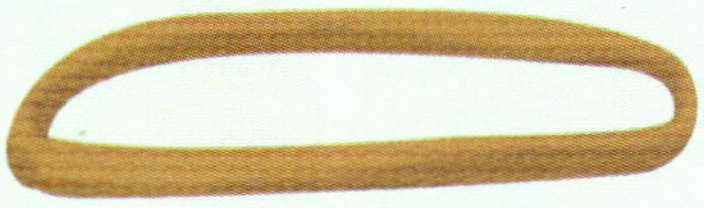

স্থিতিস্থাপক
sthitisthapak

elbow

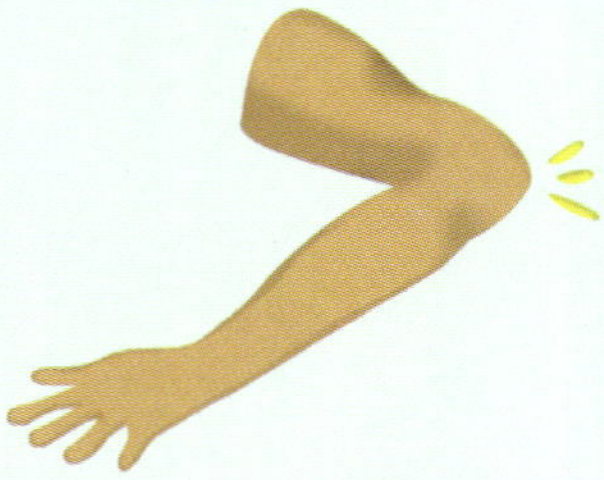

কনুই konui

electrician

ইলেক্ট্রিক মিস্ত্রী
electric mistri

electricity

বিদ্যুৎ bidyut

elephant

হাতি hati

elevator

লিফট lift

elf

পরী parī

email

ই-মেল e-mel

embroidery

সূচীকর্ম suchikarma

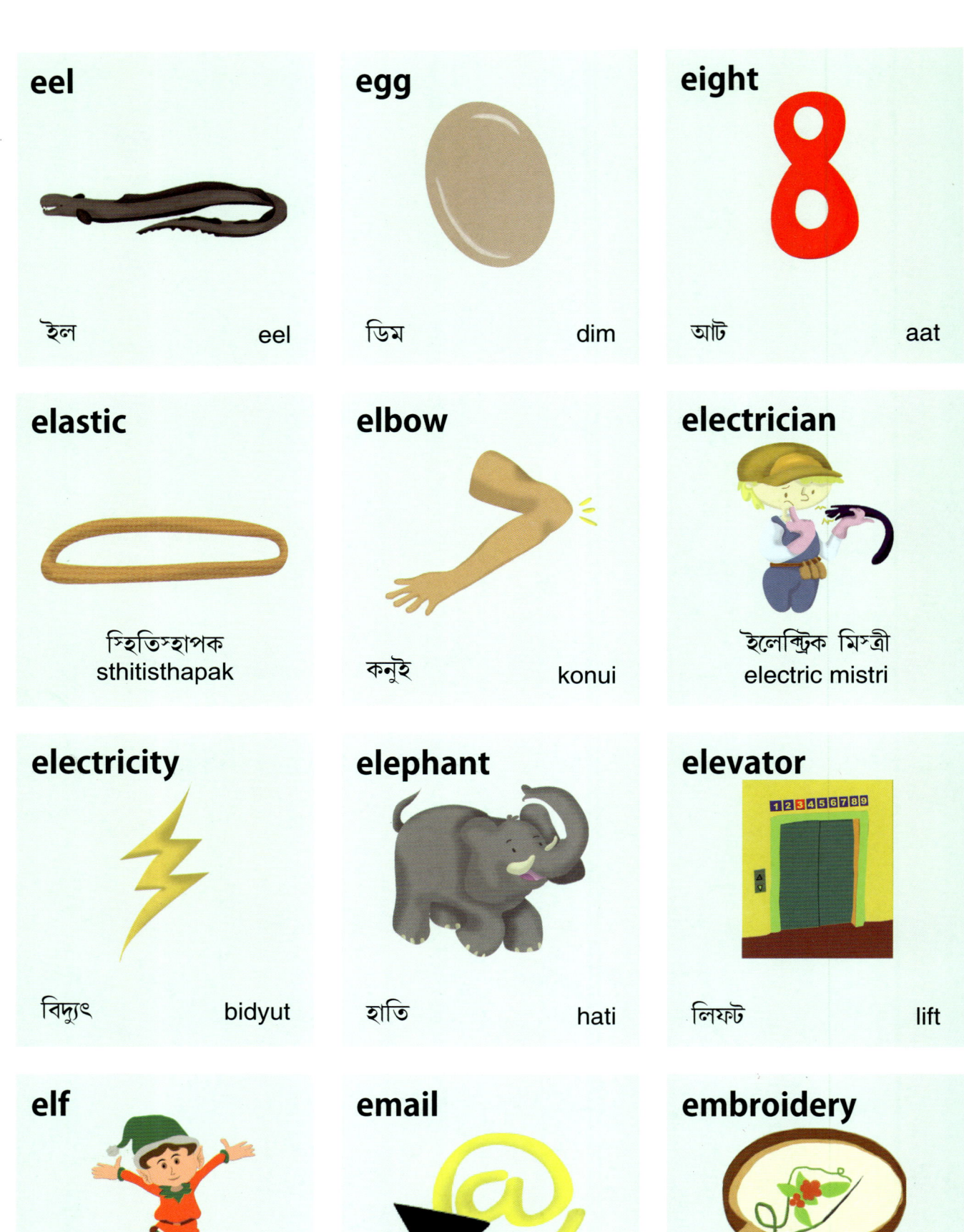

engine

ইঞ্জিন injin

entrance

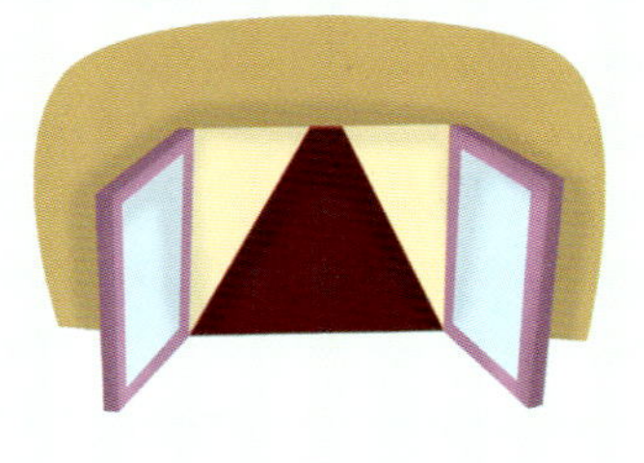

প্রবেশদ্বার prabeshdar

envelope

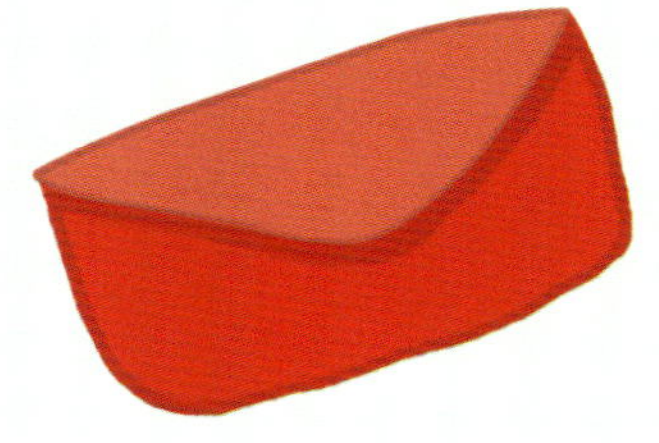

খাম kham

equator

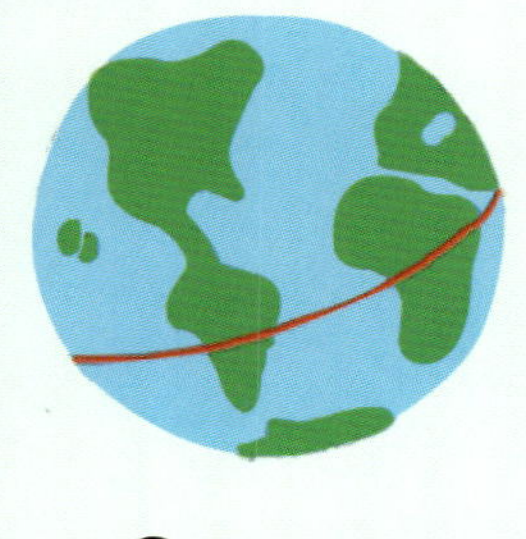

নিরক্ষরেখা
niraksarekha

equipment

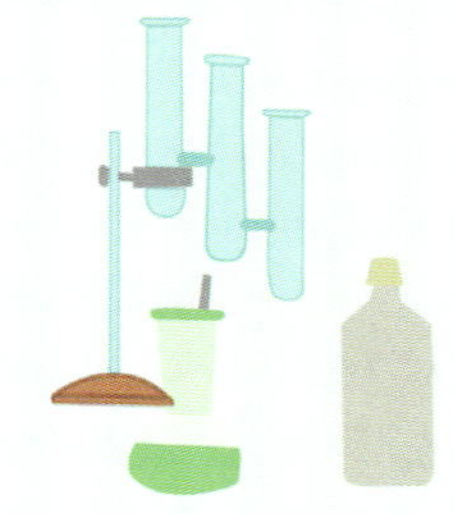

যন্ত্রপাতি jantrapati

eraser

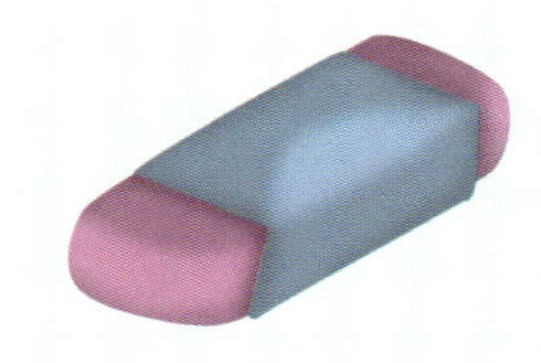

রবার rabar

escalator

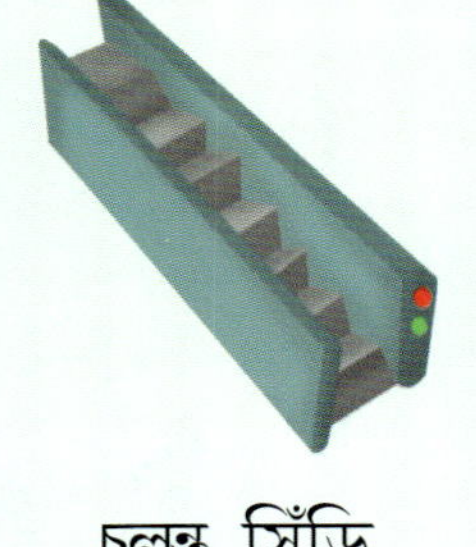

চলন্ত সিঁড়ি
chalanta sinri

eskimo

এস্কিমো eskimo

evening

সন্ধ্যা sandhya

exhibition

প্রদর্শনী pradarsani

eye

চোখ chokh

eyebrow

ভ্রু bhru

fabric

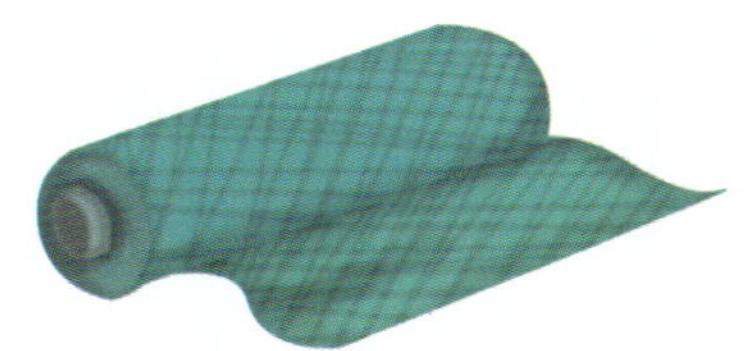

কাপড় kapor

face

মুখ mukh

factory

কারখানা karkhana

fairy

পরী parī

family

পরিবার paribar

fan

পাখা pakha

farm

খামার khamar

farmer

কৃষক krishok

fat

মোটা mota

father

বাবা baba

feather

পালক palak

female

মহিলা mahila

fence

বেড়া bera

ferry

খেয়া kheya

field

ক্ষেত্র khetra

fig

ডুমুর dumur

file

ফাইল phail

film

চলচ্চিত্র chalachitra

finger

আঙ্গুল angul

fire

আগুন agun

fire engine

দমকল damakal

fire fighter

দমকল কর্মী damkal karmi

fireworks

বাজি baji

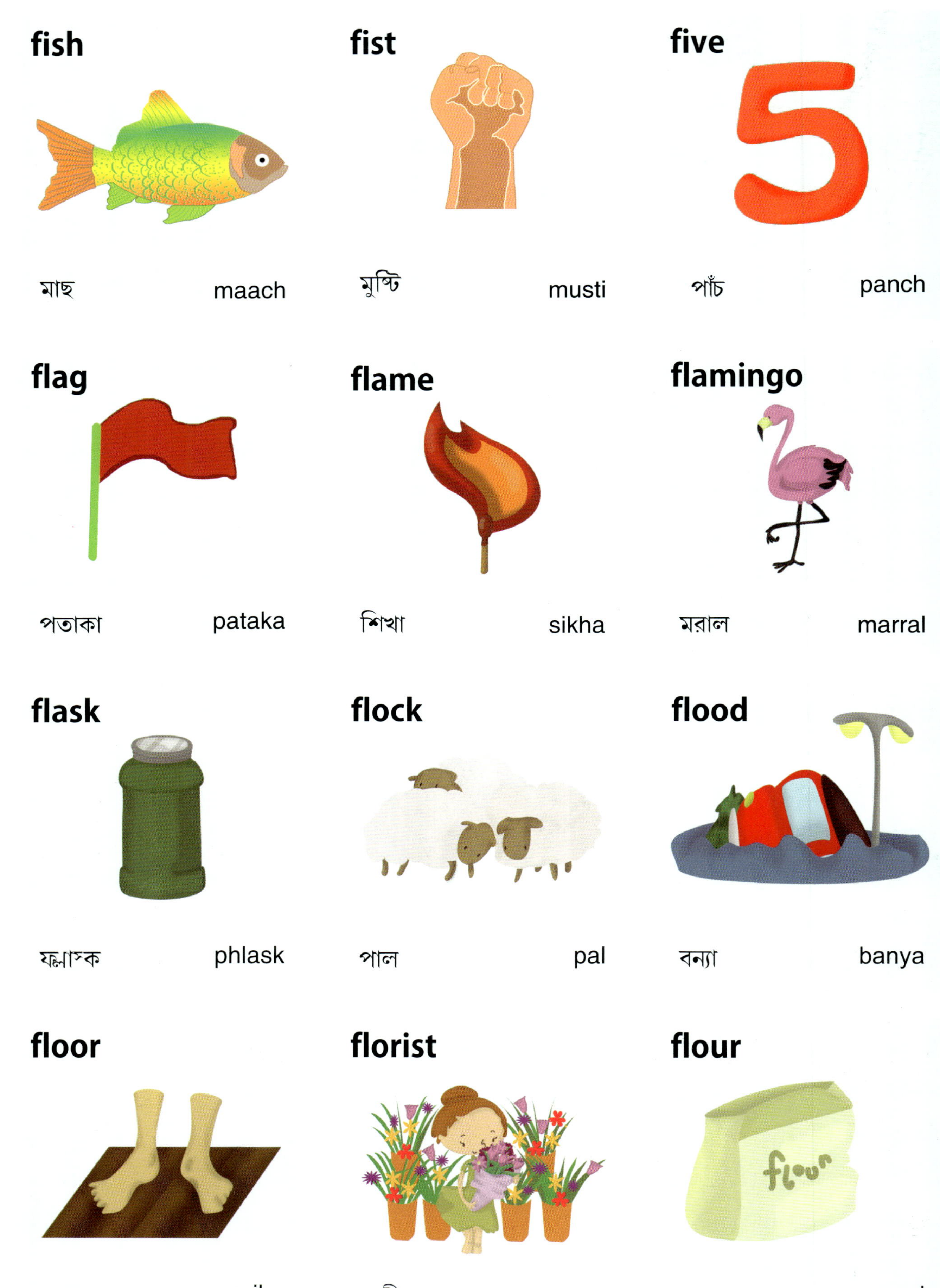

a b c d e f g h i j k l m n o p q r s t u v w x y z

fish
মাছ maach

fist
মুষ্টি musti

five
পাঁচ panch

flag
পতাকা pataka

flame
শিখা sikha

flamingo
মরাল marral

flask
ফ্লাস্ক phlask

flock
পাল pal

flood
বন্যা banya

floor
মেঝে mejhe

florist
মালী mali

flour

ময়দা mayad

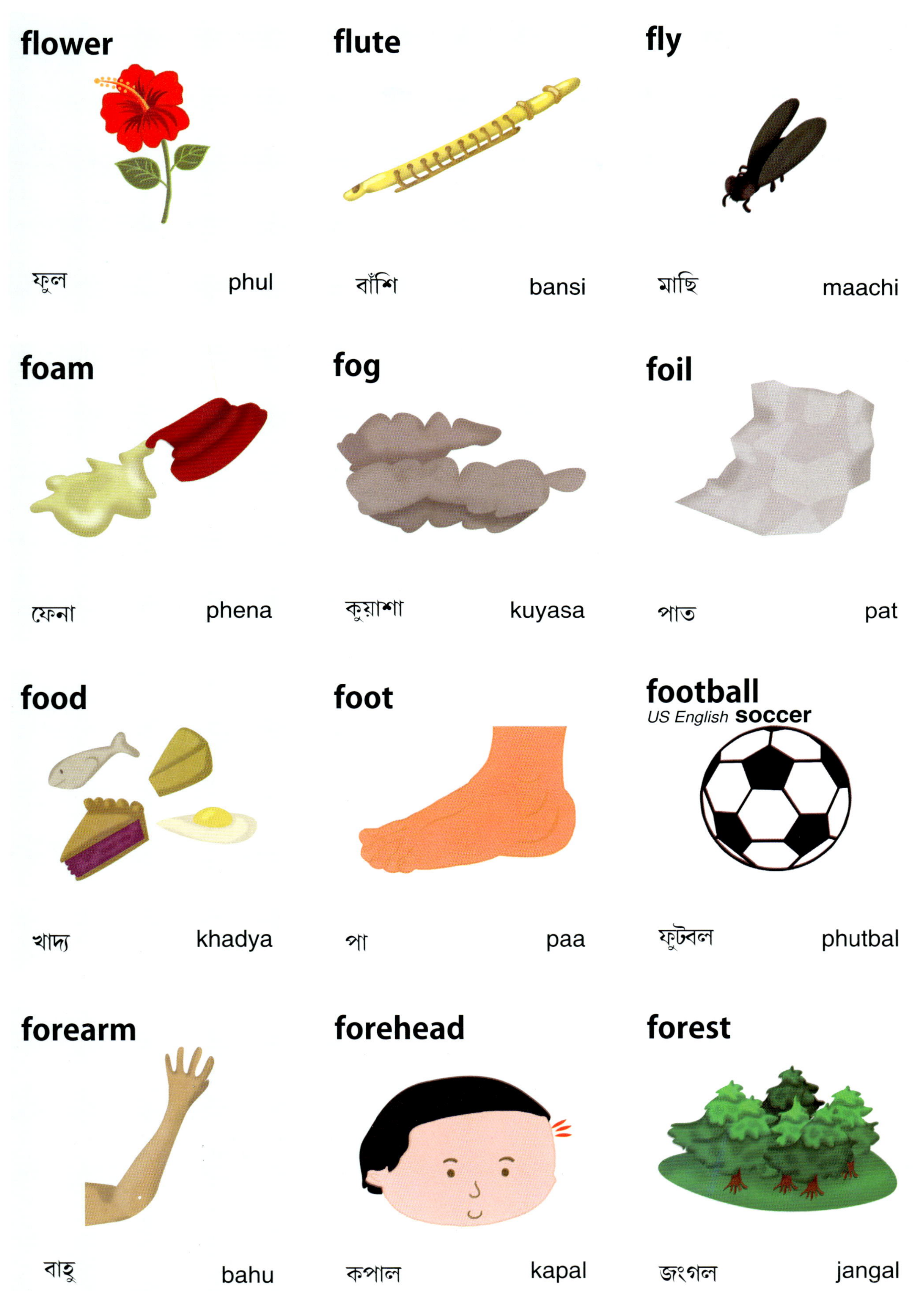

flower
ফুল phul
flute
বাঁশি bansi
fly
মাছি maachi
foam
ফেনা phena
fog
কুয়াশা kuyasa
foil
পাত pat
food
খাদ্য khadya
foot
পা paa
football
US English soccer
ফুটবল phutbal
forearm
বাহু bahu
forehead
কপাল kapal
forest
জংগল jangal

fork

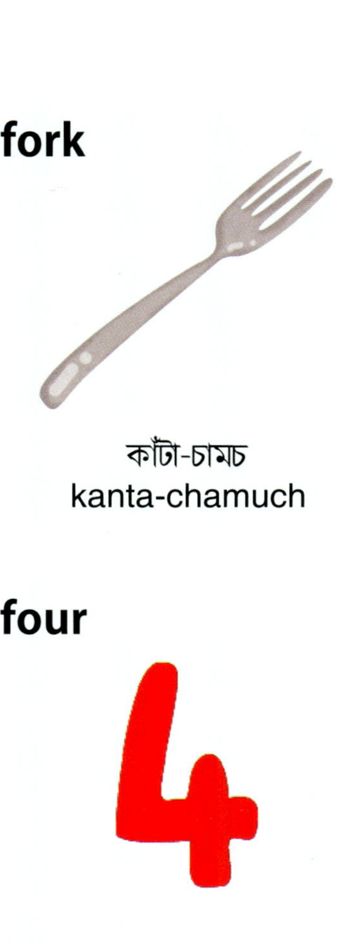

কাঁটা-চামচ
kanta-chamuch

fortress

দুর্গ durgo

fountain

ফোয়ারা phoyara

four

চার char

fox

শিয়াল shiyal

frame

ফ্রেম phrem

freezer

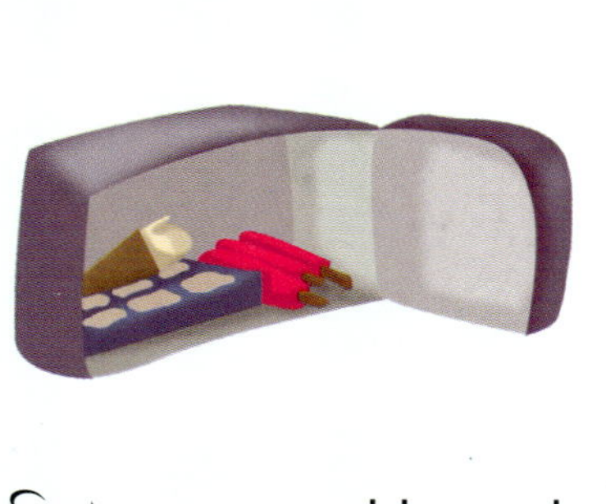

হিমায়ক himayak

fridge

US English **refrigerator**

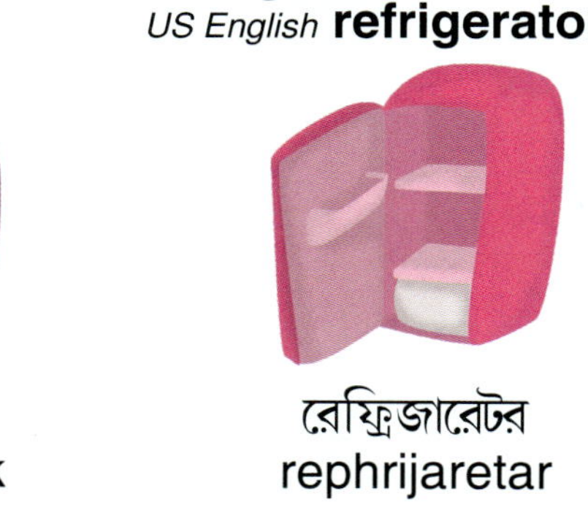

রেফ্রিজারেটর
rephrijaretar

friend

বন্ধু bandhu

frog

ব্যাঙ beng

fruit

ফল phal

fumes

ধোঁয়া dhonya

funnel

ফানেল ph̄an̄el

furnace

অগ্নিকুণ্ড agnikuṇḍa

furniture

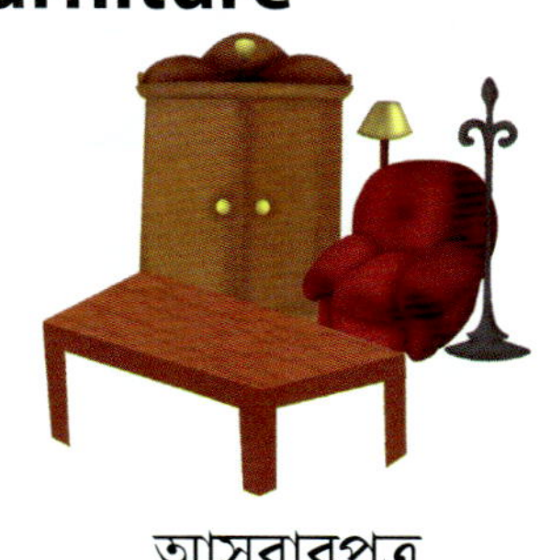

আসবাবপত্র asbabpatra

Gg

gadget

গ্যাজেট gyajet

gallery

দর-দালান dar-dalan

game

খেলা khela

gap

ফাঁক phank

garage

গ্যারেজ gyarej

garbage

আবর্জনা abarjana

garden

বাগান bagan

garland

মালা mala

a b c d e f g h i j k l m n o p q r s t u v w x y z

girl
মেয়ে
meye
glacier
হিমবাহ
himabaha
glass
কাঁচ
kanch
glider
ইঞ্জিনহীন বিমান
Inginehin biman
globe
পৃথিবী
prithibi
glove
দস্তানা
dastana
glue
আঠা
atha
goal
লক্ষ্য
lakhsya
goat
ছাগল
chagol
gold
স্বর্ণ
sarnaa
golf
গলফ
golf
goose
রাজহংসী
rajahansi

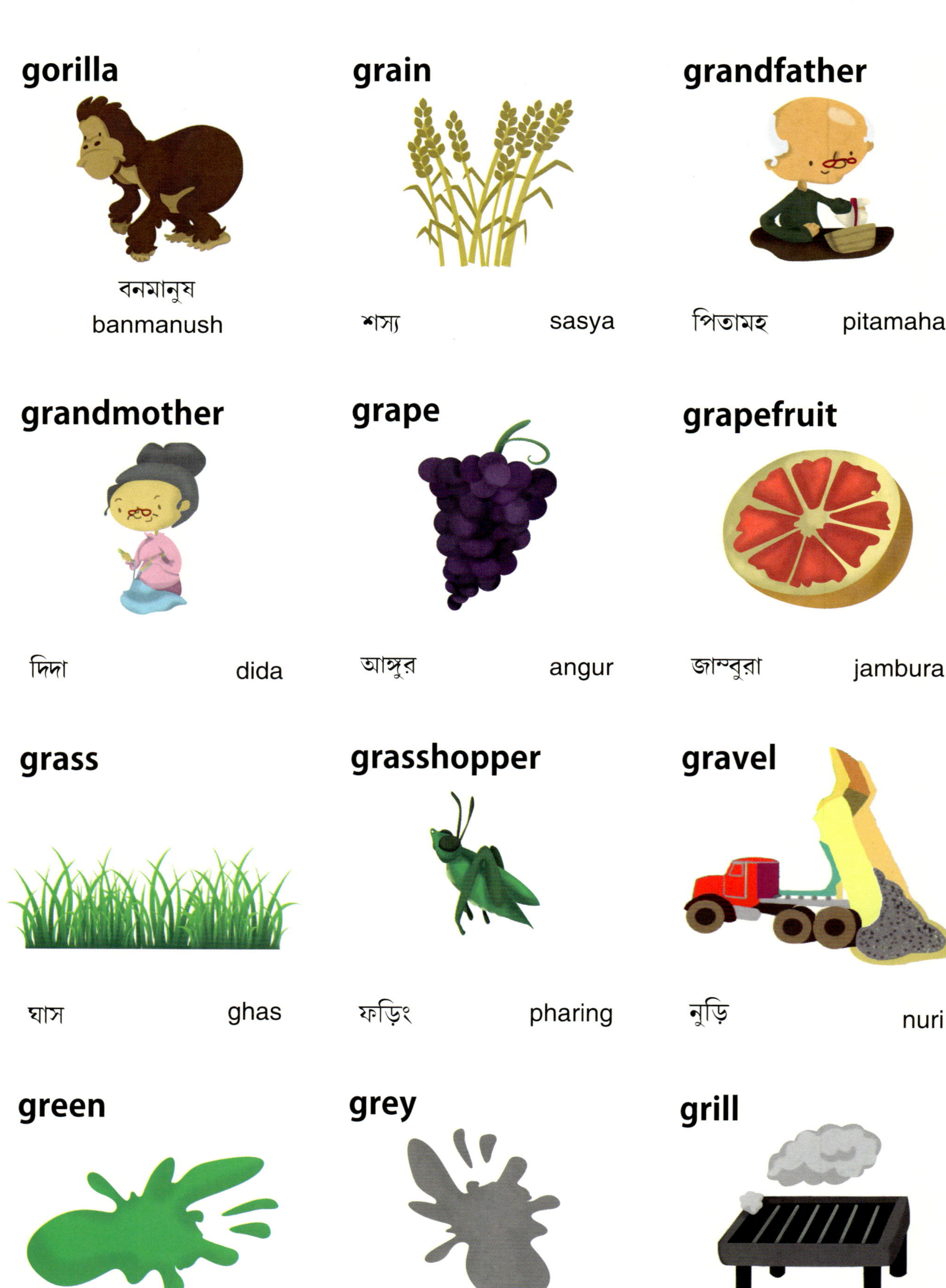
gorilla
বনমানুষ
banmanush
grain
শস্য
sasya
grandfather
পিতামহ
pitamaha
grandmother
দিদা
dida
grape
আঙ্গুর
angur
grapefruit
জাম্বুরা
jambura
grass
ঘাস
ghas
grasshopper
ফড়িং
pharing
gravel
নুড়ি
nuri
green
সবুজ
sabuj
grey
ধূসর
dhusar
grill
স্যাঁকা
sanka

grocery

মুদিখানা mudikhana

ground

মাঠ math

guard

পাহারা pahara

guava

পেয়ারা peyara

guide

প্রদর্শক pradarshak

guitar

গীটার gitar

gulf

উপসাগর upasagar

gun

বন্দুক banduk

gypsy

যাযাবর jajabar

Hh

hair

চুল chul

hairbrush

চুলের ব্রাশ chuler brush

a b c d e f g h i j k l m n o p q r s t u v w x y z

hairdresser

নাপিত napit

half

অর্ধেক ardhek

hall

হল hal

ham

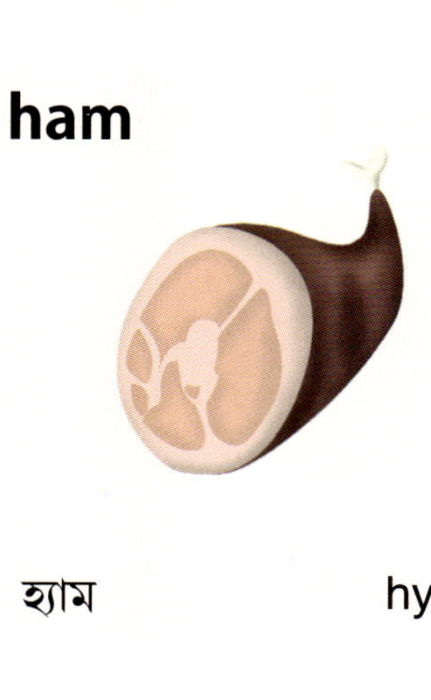

হ্যাম hyam

hammer

হাতুড়ি hatuṛi

hammock

বিছানা বিশেষ bichana bishes

hand

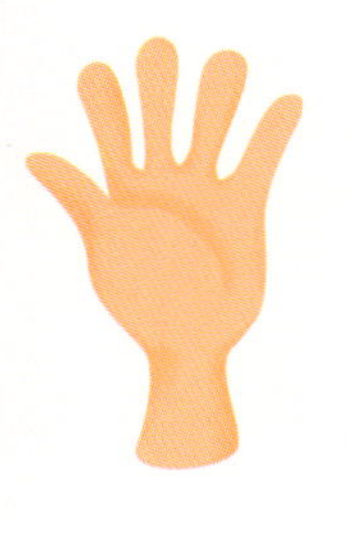

হাত hat

handbag

হাতব্যাগ hathbag

handicraft

হাতের কাজ hater kaj

handkerchief

রুমাল rumal

handle

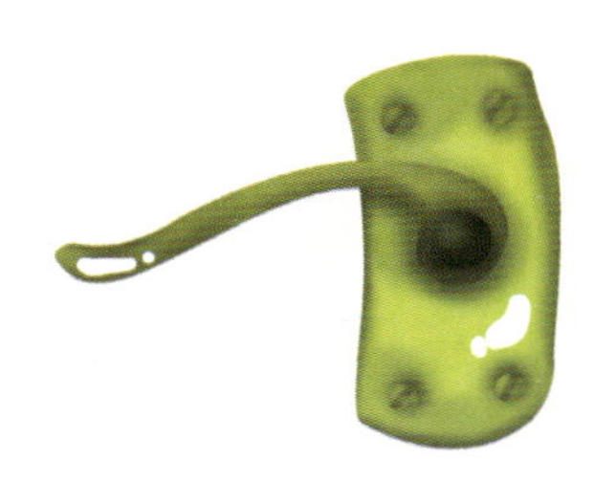

হাতল hatal

hanger

হ্যাঙ্গার hangar

harbour
US English **harbor**

বন্দর bandar

hare

খরগোশ khargos

harvest

ফসল phasal

hat

টুপী tupi

hawk

বাজপাখী bajpakhii

hay

খড় khar

head

মাথা matha

headphone

কানে লাগাইয়া ধ্বনি শোনার যন্ত্র
kane lagaiya dhwani sonar jantra

heap

গাদা gada

heart

হৃদয় hriday

heater

উনুন unun

hedge

ঝোপের বেড়া
jhoper bera

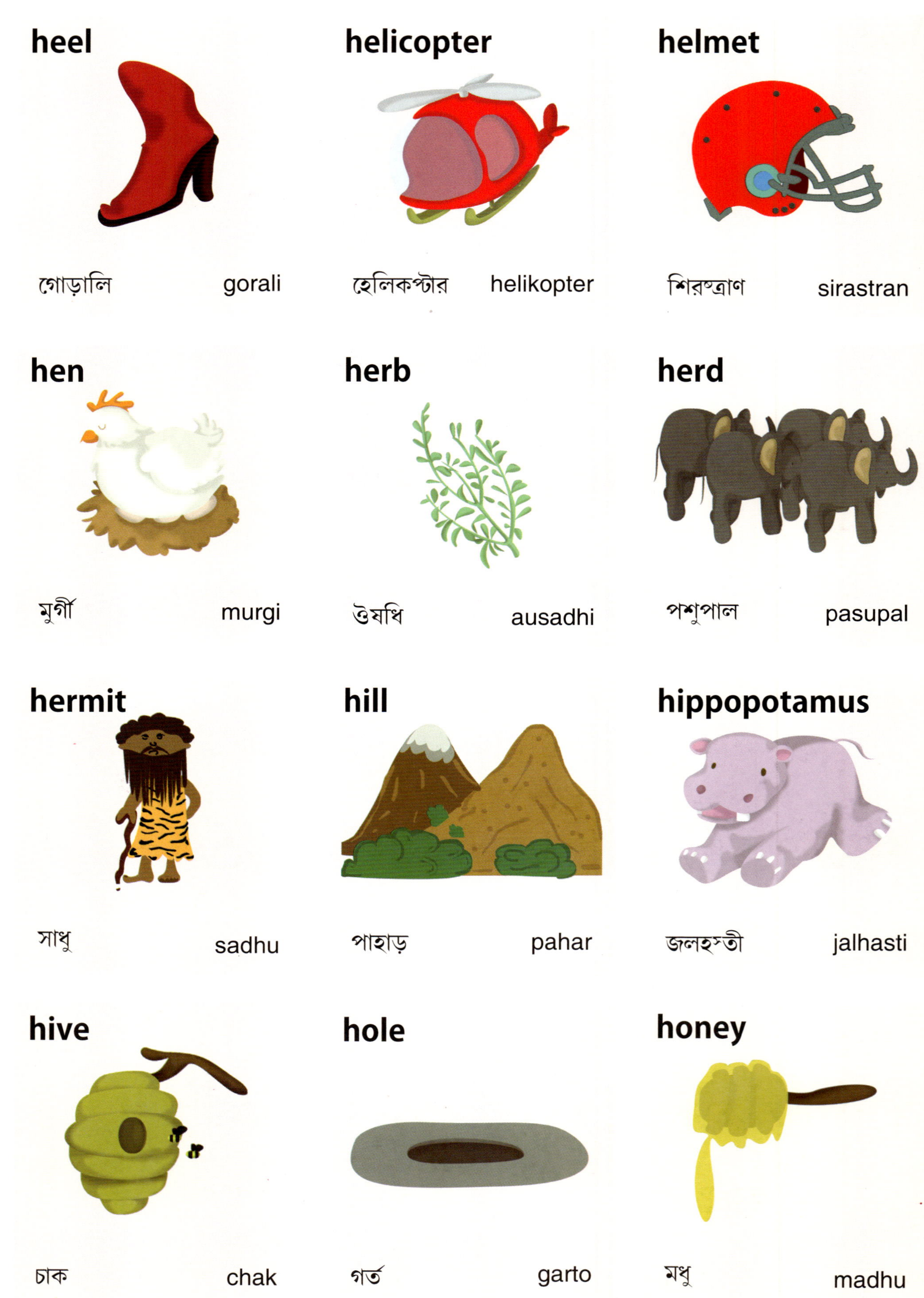

heel
গোড়ালি gorali

helicopter
হেলিকপ্টার helikopter

helmet
শিরস্ত্রাণ sirastran

hen
মুর্গী murgi

herb
ঔষধি ausadhi

herd
পশুপাল pasupal

hermit
সাধু sadhu

hill
পাহাড় pahar

hippopotamus
জলহস্তী jalhasti

hive
চাক chak

hole
গর্ত garto

honey
মধু madhu

hood

ঘোমটা ghomta

hook

হুক huk

horn

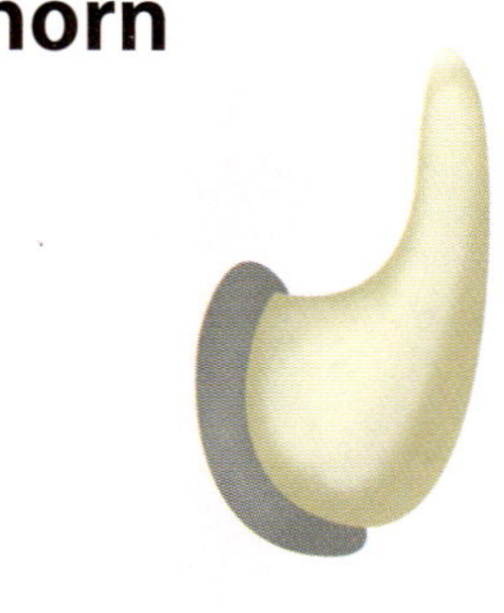

শিঙ shing

horse

ঘোড়া ghora

hose

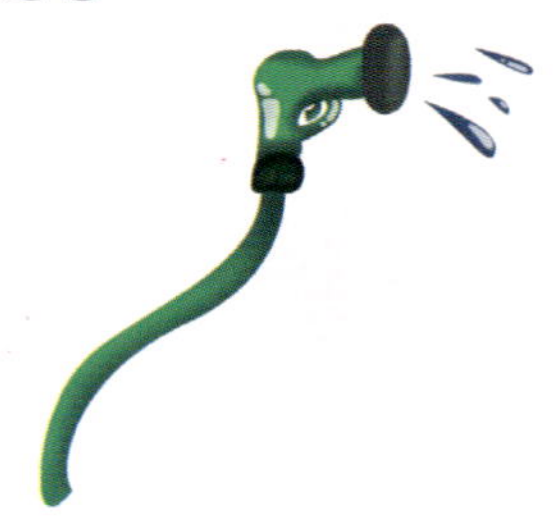

জলের পাইপ
jaler pipe

hospital

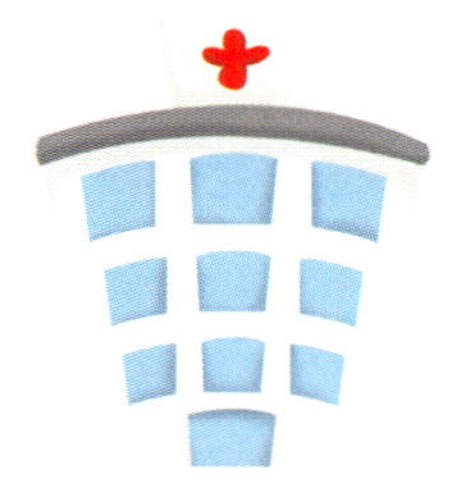

হাসপাতাল haspatal

hotdog

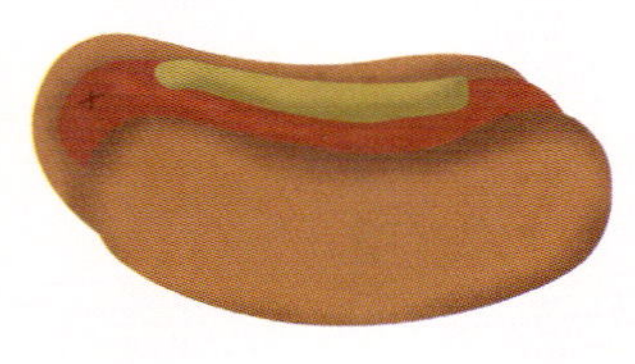

হট-ডগ hot-dog

hotel

হোটেল hotel

hour

ঘণ্টা ghanṭa

house

ঘর ghar

human

মানব manab

hunter

শিকারী sikari

a b c d e f g h i j k l m n o p q r s t u v w x y z

a b c d e f g h i j k l m n o p q r s t u v w x y z

ink

কালি kali

inn

সরাইখানা saraikhana

insect

পোকা poka

inspector

পরিদর্শক paridarsak

instrument

যন্ত্র yantra

internet

ইনটারনেট intaranet

intestine

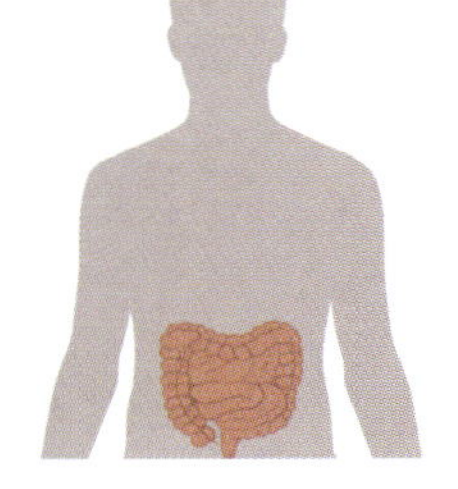

অন্ত্র antra

inventor

উদ্ভাবক udbhabak

invitation

আমন্ত্রণ amantrana

iron

লোহা loha

island

দ্বীপ dip

ivory

আইভরি aibhari

a b c d e f g h i j k l m n o p q r s t u v w x y z

jackal

শৃগাল srigal

jacket

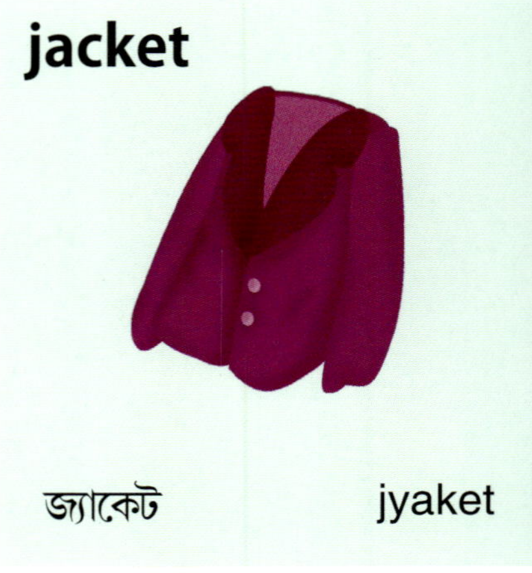

জ্যাকেট jyaket

jackfruit

কাঁঠাল kathal

jam

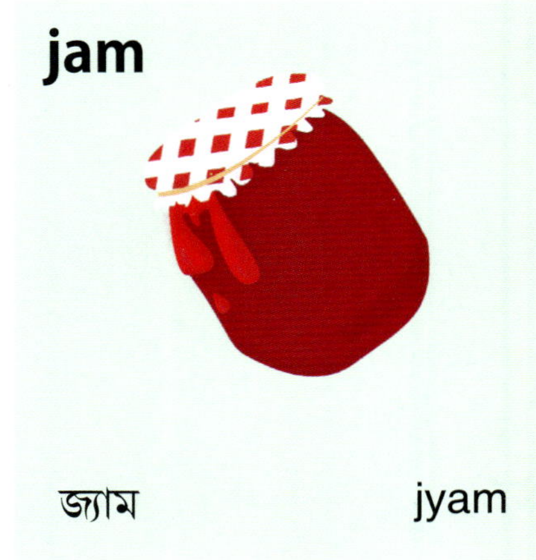

জ্যাম jyam

jar

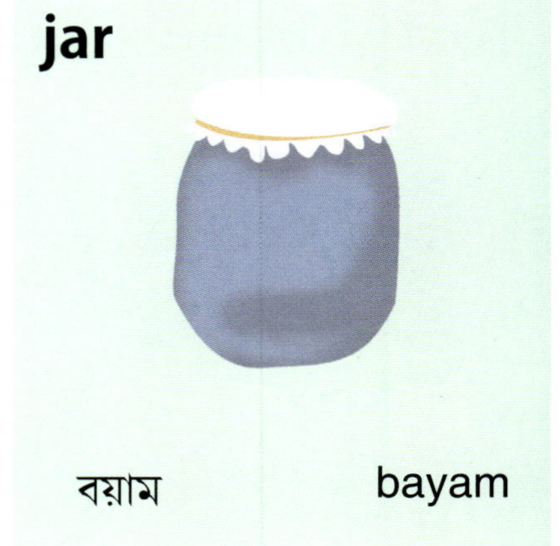

বয়াম bayam

javelin

বর্শা barsa

jaw

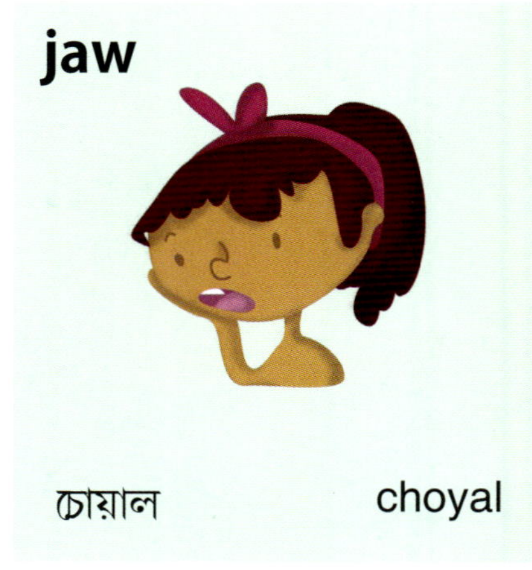

চোয়াল choyal

jeans

জিন্স jins

jelly

জেলি jeli

jetty

জেটি jeti

jewellery
US English **jewelry**

জহরত jaharat

jigsaw

জিগস jigasa

jockey

জকি jaki

joker

ভাঁড় bhamr

journey

যাত্রা yatra

jug

জলপাত্র jalapatra

juggler

বাজিকর bajikar

juice

রস ras

jungle

জঙ্গল jangal

jute

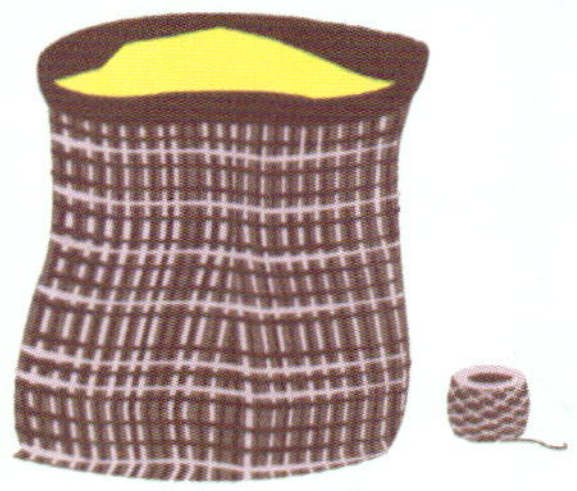

পাট pat

kangaroo

ক্যাঙ্গারু kyangaru

kennel

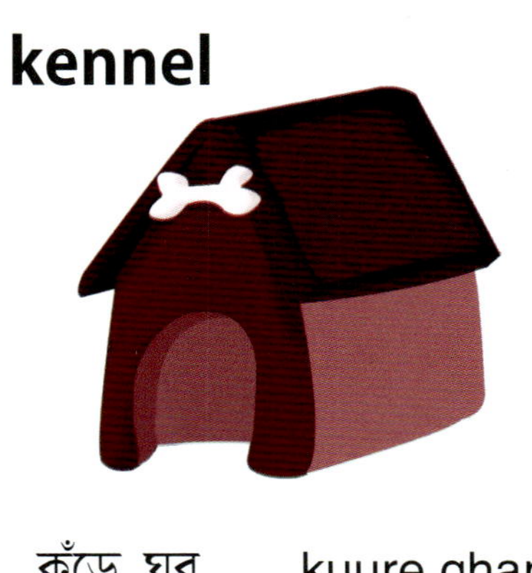

কুঁড়ে ঘর kuure ghar

a b c d e f g h i j k l m n o p q r s t u v w x y z

a b c d e f g h i j k l m n o p q r s t u v w x y z

kerb
US English **curb**

প্রতিবন্ধক
pratibandhak

kerosene

কেরোসিন তেল
kerosin tel

ketchup

কেচ্ আপ kech aap

kettle

কেটলি ketli

key

চাবি chabi

keyboard

কীবোর্ড kiborde

key ring

চাবির রিং chabir ring

kidney

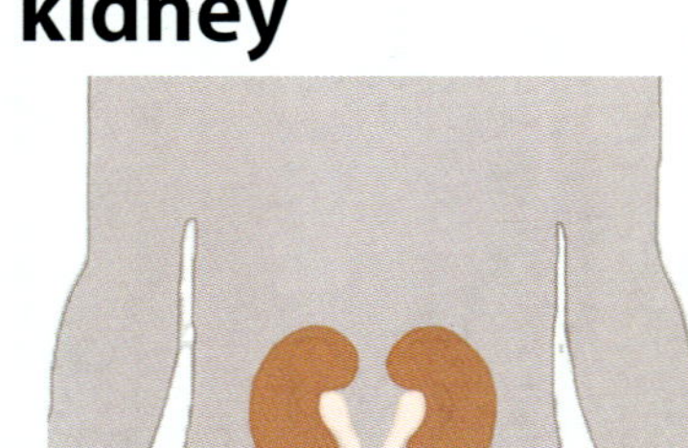

বৃক্ক brikka

kilogram

কিলোগ্রাম kilogram

king

রাজা raja

kiosk

ক্ষুদ্র দোকান
khudra dokan

kiss

চুম্বন cumban

kitchen

রান্নাঘর rannaghar

kite

ঘুড়ি ghuṛi

kitten

বিড়াল ছানা
biral chana

kiwi

এক ধরনের ফল
ek dharaner fal

knee

হাঁটু hantu

knife

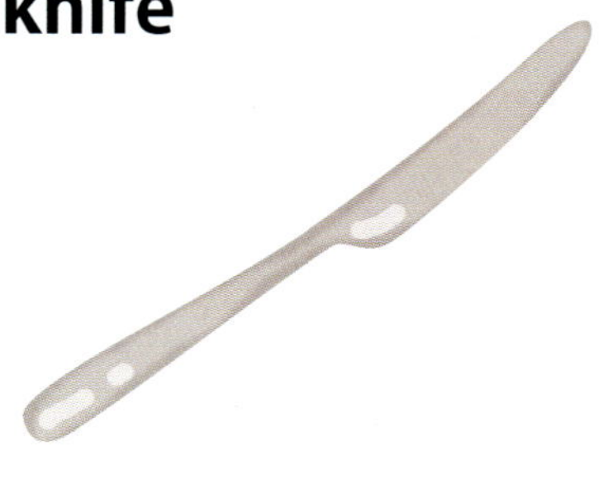

ছুরি churi

knight

রক্ষক ঘোড়সওয়ারী
rakhak ghorsaoari

knitwear

উল দিয়ে তৈরী বস্ত্র
ul diye tayri bastra

knob

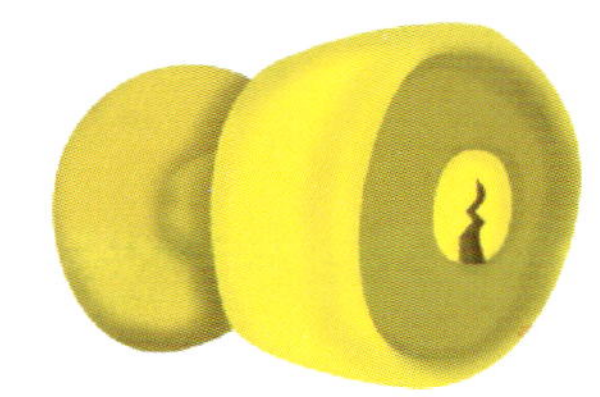

হাতল hatal

knock

টোকা toka

knot

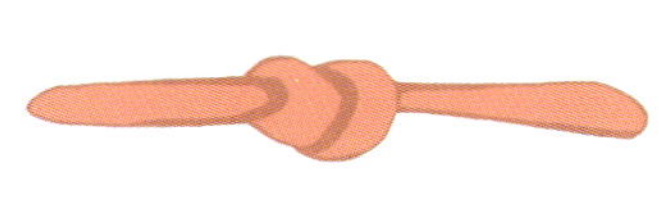

গিঁট gint

knuckle

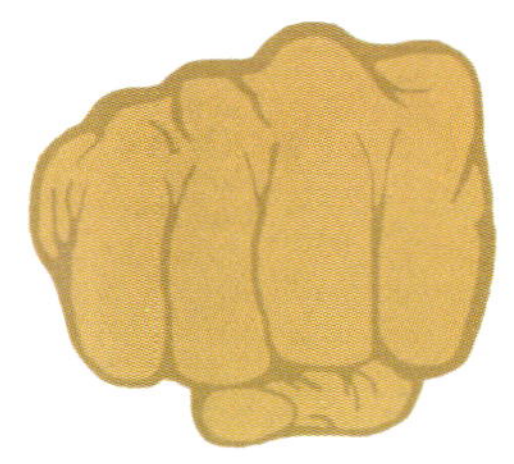

মুঠোর গাঁট
muthor gant

a
b
c
d
e
f
g
h
i
j
k
l
m
n
o
p
q
r
s
t
u
v
w
x
y
z

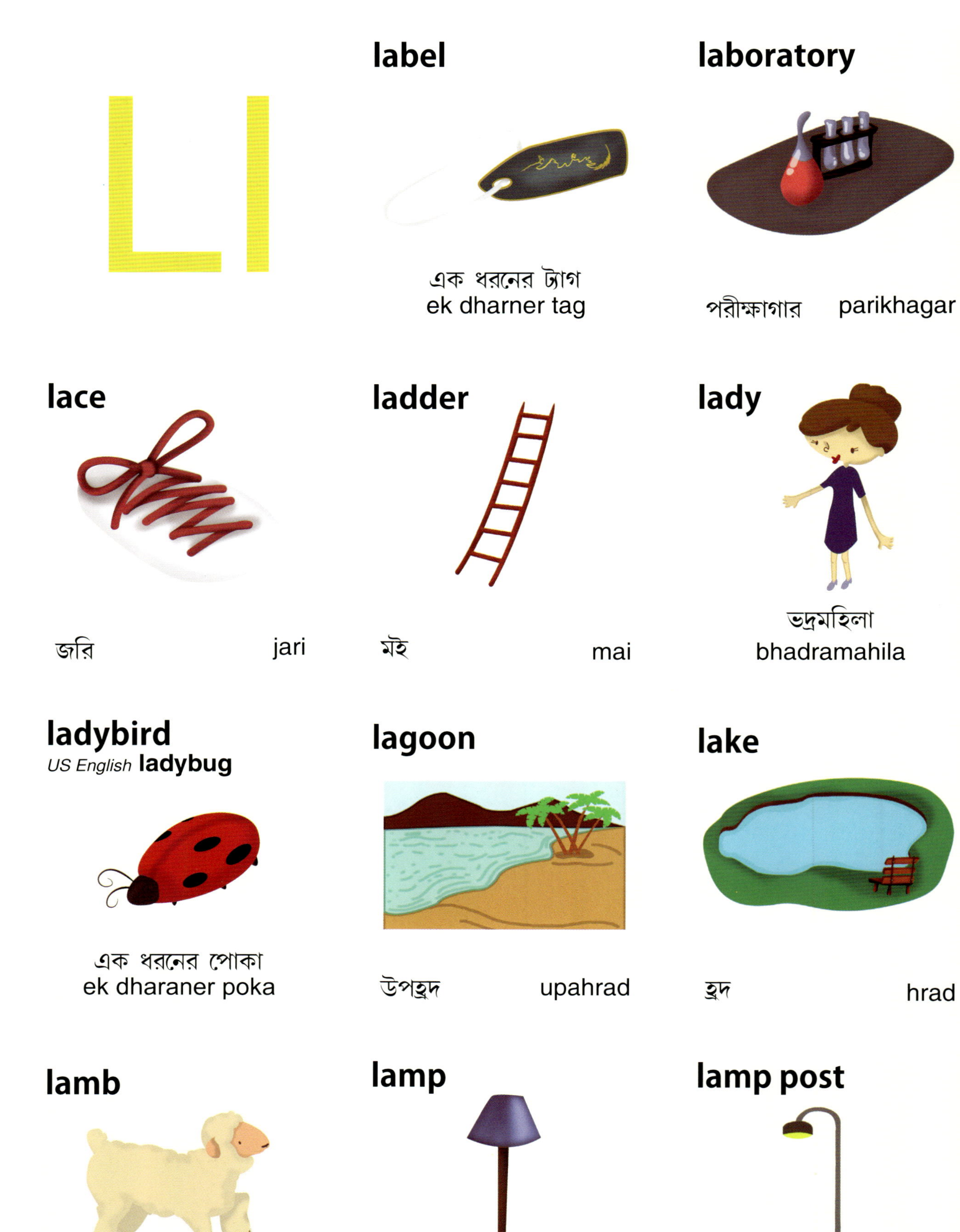

land

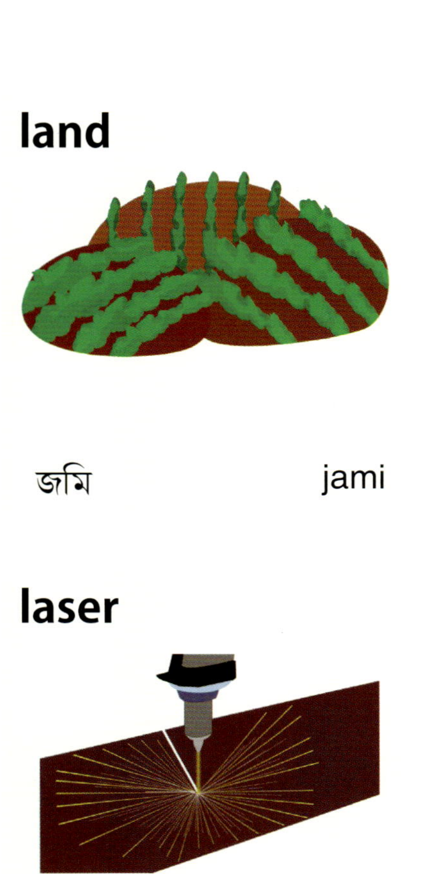

জমি jami

lane

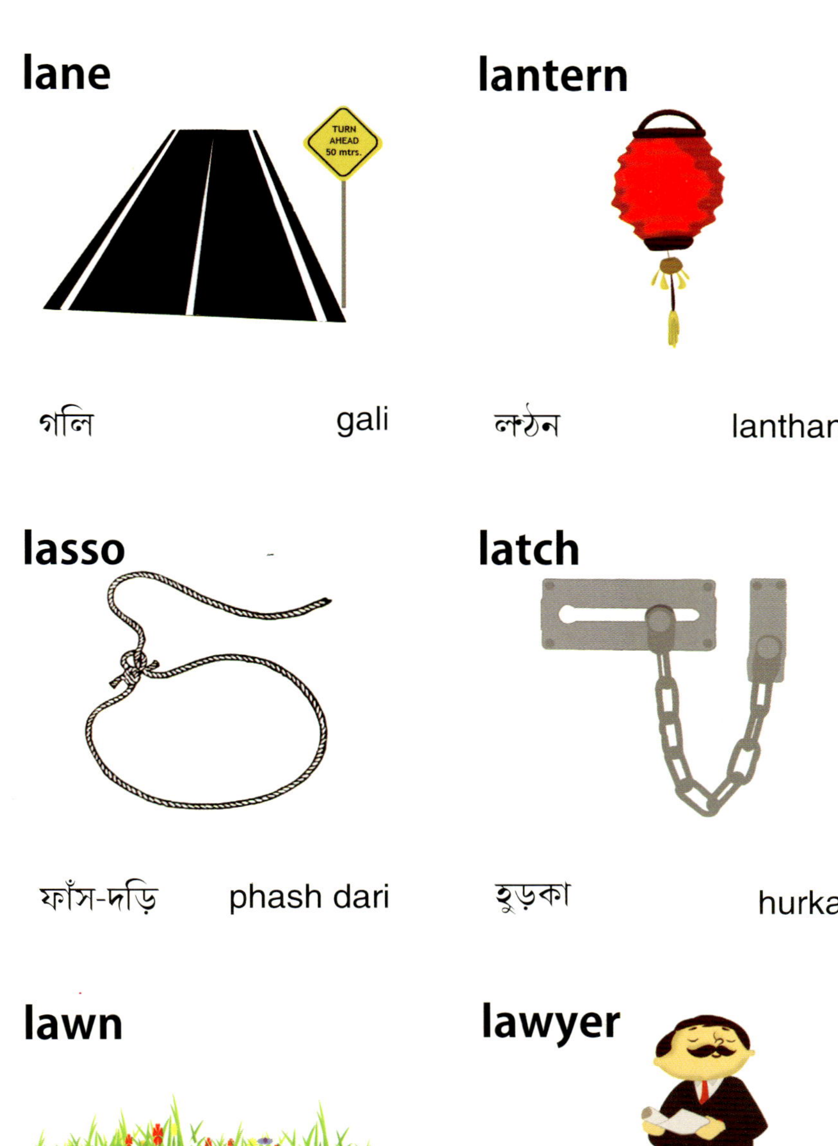

গলি gali

lantern

লণ্ঠন lanthan

laser

শক্তিশালী লাইট
shaktishali lite

lasso

ফাঁস-দড়ি phash dari

latch

হুড়কা hurka

laundry

লণ্ড্রি landri

lawn

বনভূমি banbhumi

lawyer

আইনজীবী ainjibi

layer

স্তর stor

leaf

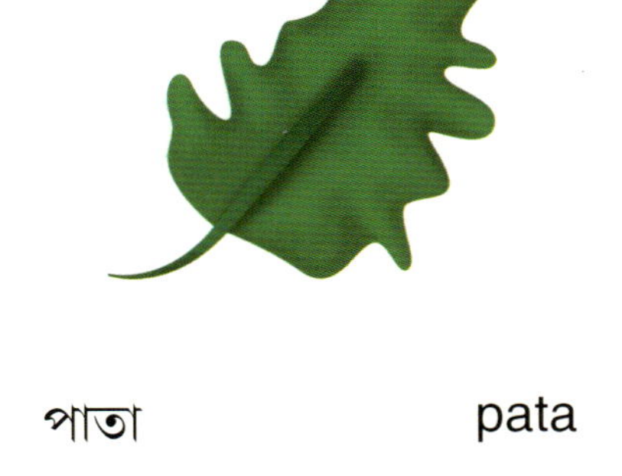

পাতা pata

leather

চামড়া chamra

leg

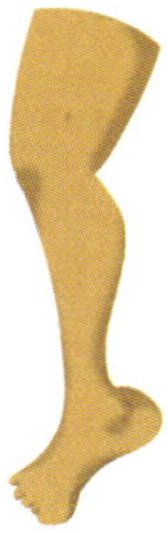

পা pa

lemon

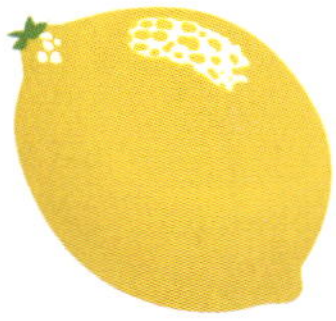

লেবু lebu

lemonade

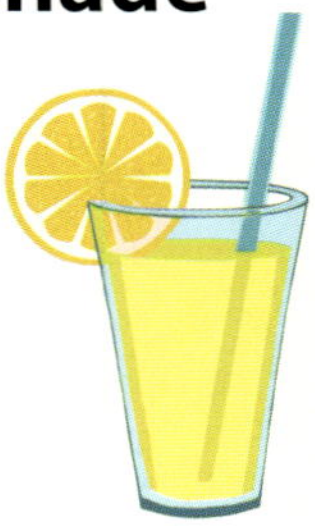

লেবুর শরবত
lebur sarbat

lens

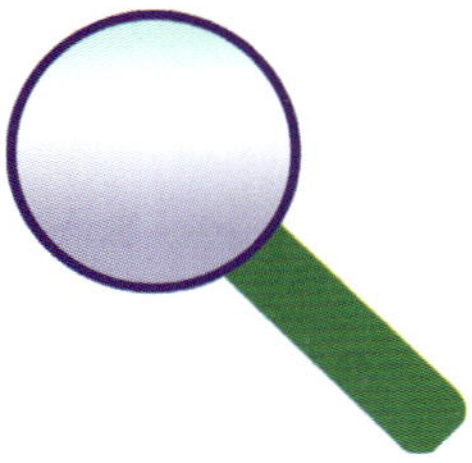

লেন্স lens

leopard

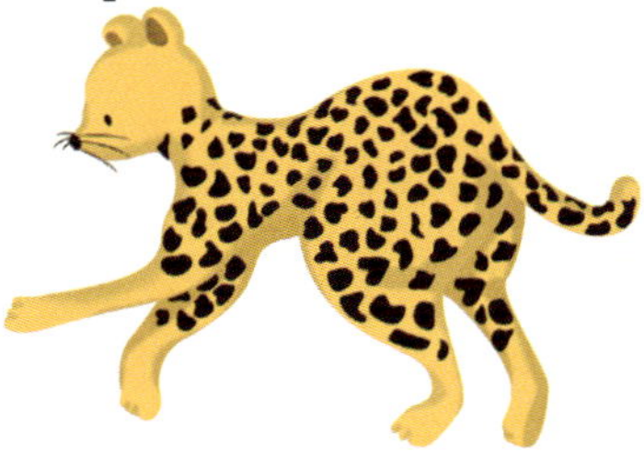

চিতা chita

letter

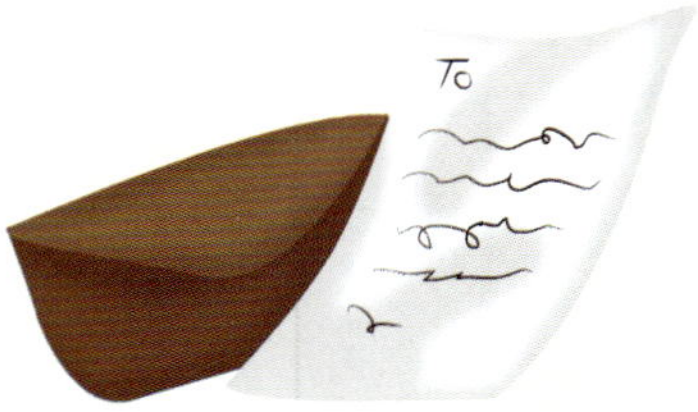

চিঠি chithi

letterbox
US English **mailbox**

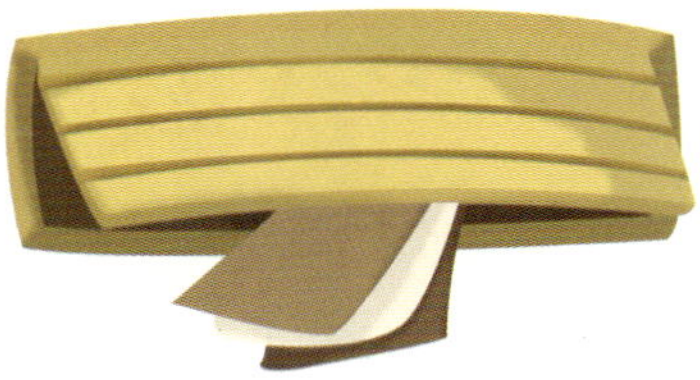

লেটারবক্স leter baksh

lettuce

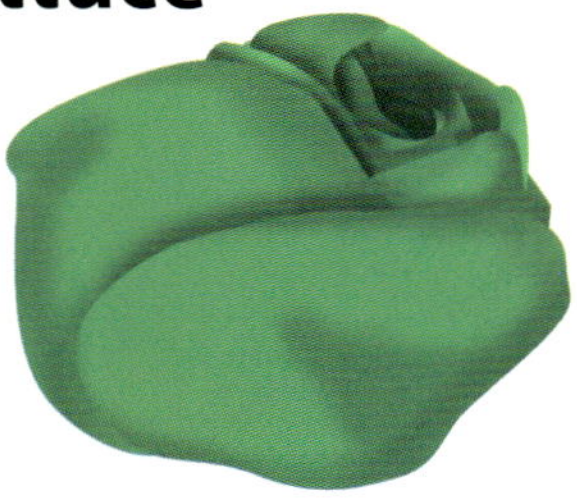

স্যালাদ salad

library

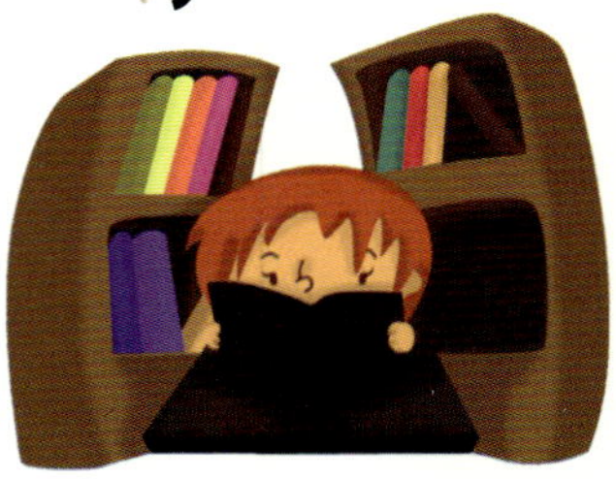

গ্রন্থাগার granthagar

licence

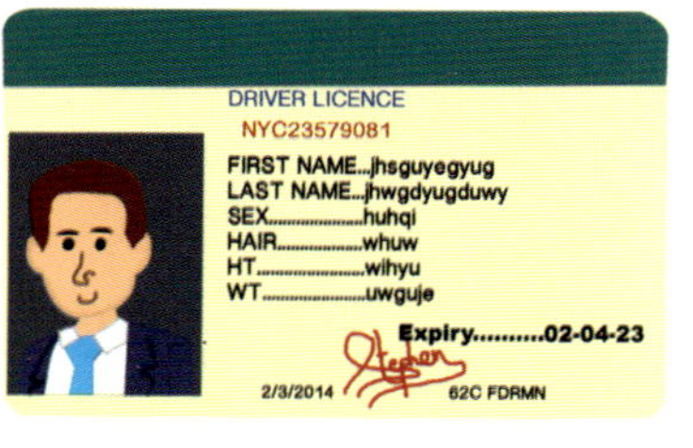

লাইসেন্স laisens

lid

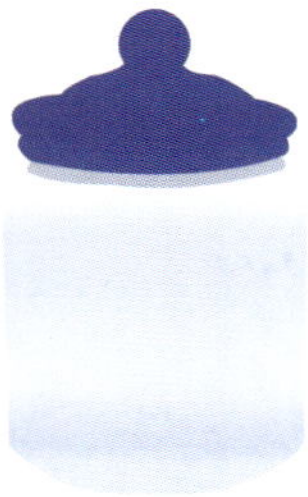

ঢাকনা dhakna

light

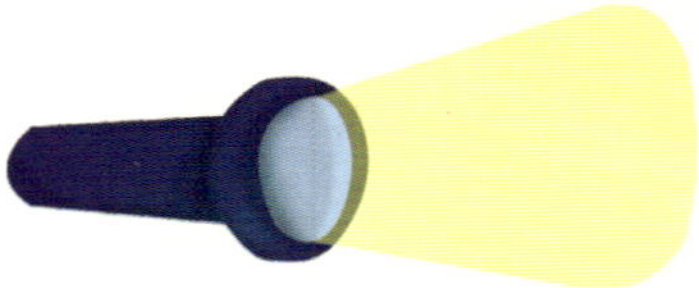

আলো alo

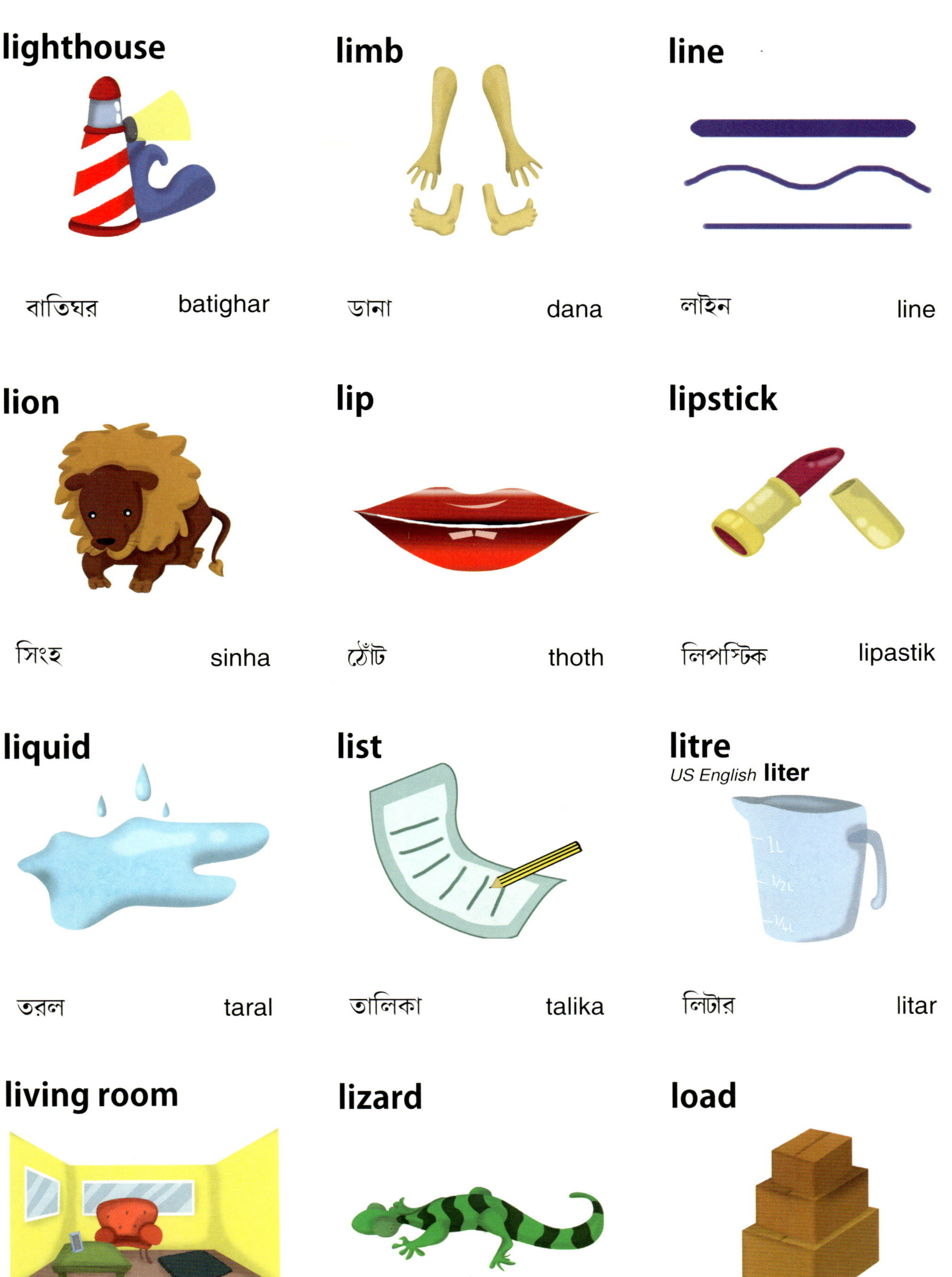

lighthouse

বাতিঘর batighar

limb

ডানা dana

line

লাইন line

lion

সিংহ sinha

lip

ঠোঁট thoth

lipstick

লিপস্টিক lipastik

liquid

তরল taral

list

তালিকা talika

litre

US English **liter**

লিটার litar

living room

বসার ঘর basar ghar

lizard

টিকটিকি tiktiki

load

বোঝা bojha

a
b
c
d
e
f
g
h
i
j
k
l
m
n
o
p
q
r
s
t
u
v
w
x
y
z

loaf

ডেলা dela

lobster

গলদা চিংড়ি
galada chingri

lock

তালা tala

loft

চিলেকোঠা chilekothe

log

কাঠের গুঁড়ি
kather gunri

loop

লুপ lup

lorry
US English **truck**

লরি বাহন lari bahaon

lotus

পদ্ম padma

louse

উকুন ukun

luggage

লটবহর latbahar

lunch

লাঞ্চ lanch

lung

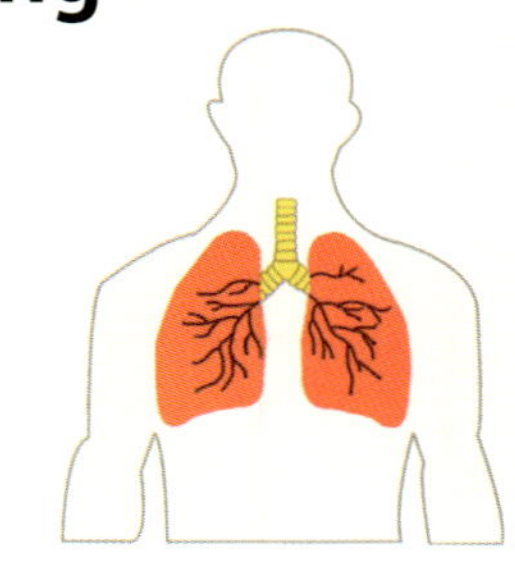

ফুসফুস phusaphus

Mm

machine

মেশিন mesin

magazine

পত্রিকা patrika

magician

জাদুকর jadukar

magnet

চুম্বক chumbak

magpie

বাচাল bachal

mail

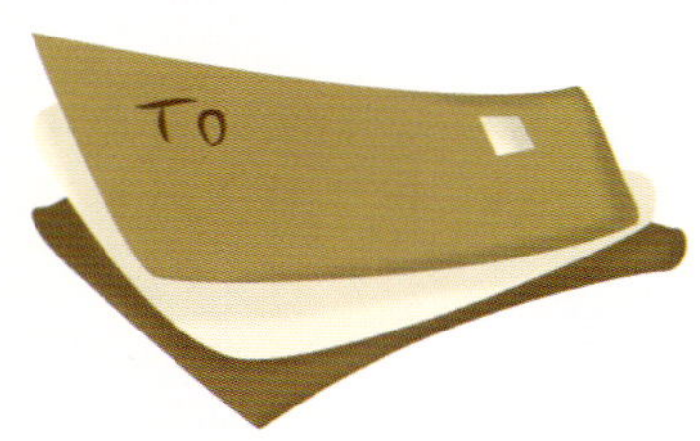

মেইল meail

mammal

স্তন্যপায়ী প্রাণী stanapay prani

man

মানুষ manus

mandolin

ম্যাণ্ডোলীন myandolin

mango

আম aam

map

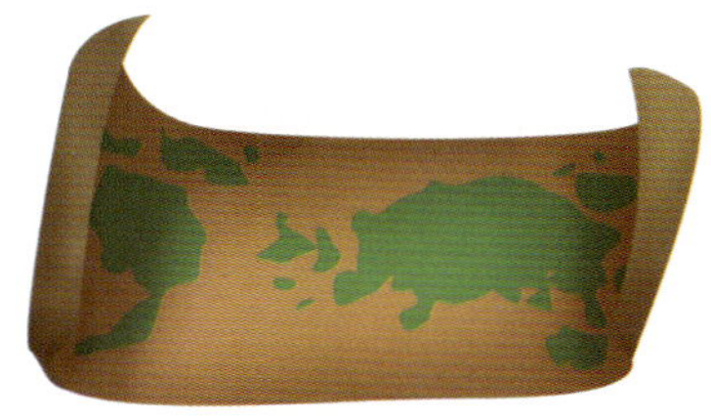

মানচিত্র manchitra

a b c d e f g h i j k l m n o p q r s t u v w x y z

maple

পাতাবিশেষ patabises

marble

মার্বেল marbel

market

বাজার bajar

mask

মুখোশ mukhosh

mast

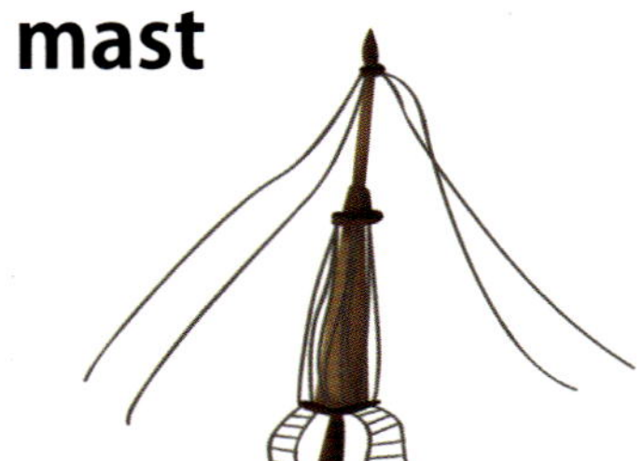

মাস্তুল mastul

mat

মাদুর madur

matchbox

দেশলাই বাক্স
deslai bakeso

mattress

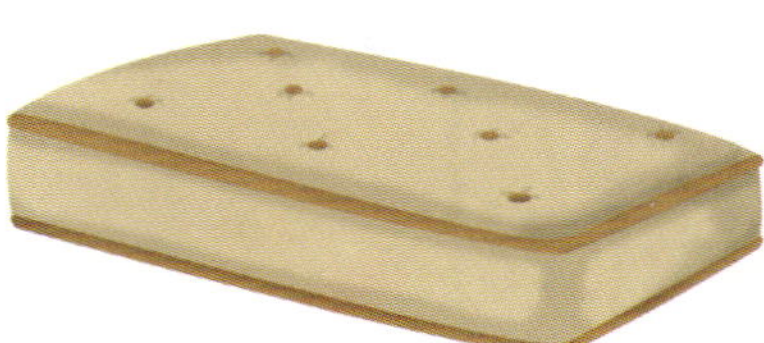

গদি gadi

meal

খাবার khabar

meat

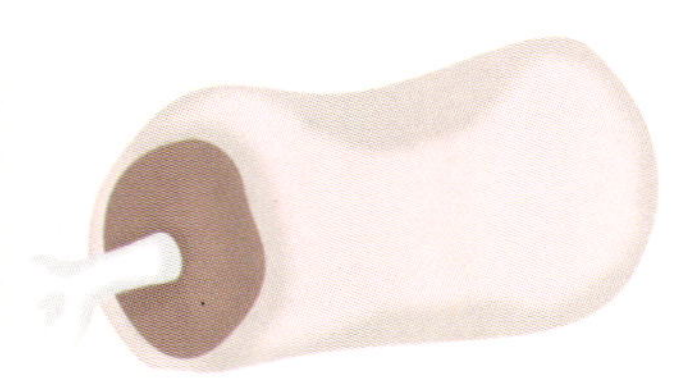

মাংস manso

mechanic

মিস্ত্রী mistri

medicine

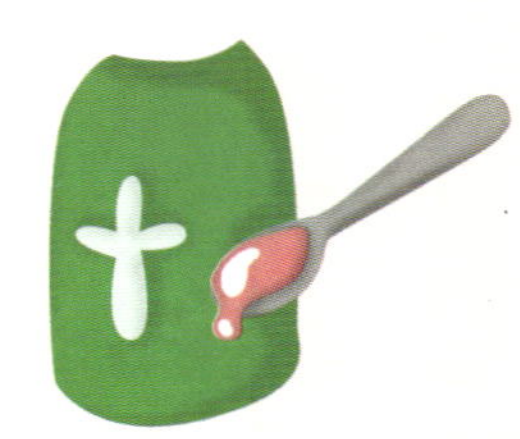

ঔষধ ausadh

melon

তরমুজ taramuj

merchant

বণিক banik

mermaid

মৎসকন্যা matsakanya

metal

ধাতু dhatu

metre

US English **meter**

মিটার mitar

microphone

মাইক maike

microwave

মাইক্রোওয়েভ
maikrowave

mile

মাইল maile

milk

দুধ dudh

miner

খনিজীবী khanijibi

mineral

খনিজ khanij

mint

পুদিনা pudina

a b c d e f g h i j k l **m** n o p q r s t u v w x y z

a b c d e f g h i j k l m n o p q r s t u v w x y z

minute

মিনিট minit

mirror

আয়না ayna

mobile phone

মোবাইল ফোন
mobile phone

model

মডেল madel

mole

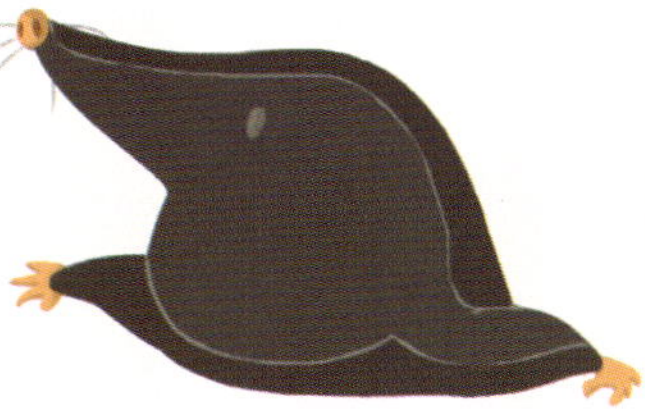

মেঠোইঁদুর methoindur

money

টাকা taka

monk

সন্ন্যাসী sannyasi

monkey

বানর banar

monster

দৈত্য daitya

month

মাস mas

monument

স্মৃতি স্তম্ভ
smriti stambha

moon

চাঁদ chand

mop

পেঁচা pancha

morning

সকাল sakal

mosquito

মশা masa

moth

পোকা poka

mother

মা ma

motorcycle

মোটর সাইকেল
motarsaikel

motorway

রাস্তার ধারের
rastar dharer

mountain

পর্বত parbat

mouse

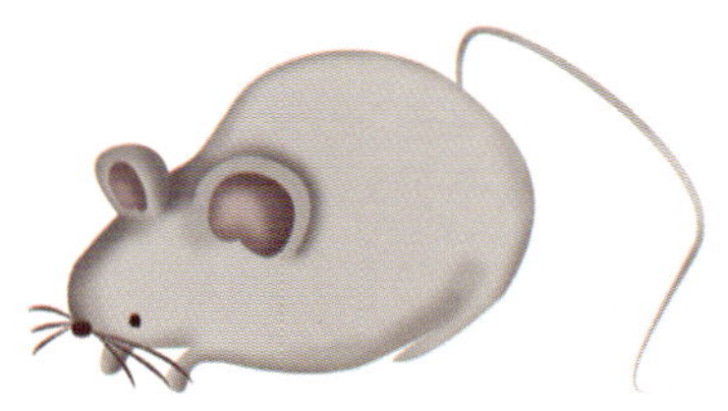

ইঁদুর indur

mousetrap

ইঁদুর কল indur kal

moustache

গোঁফ gomph

mouth

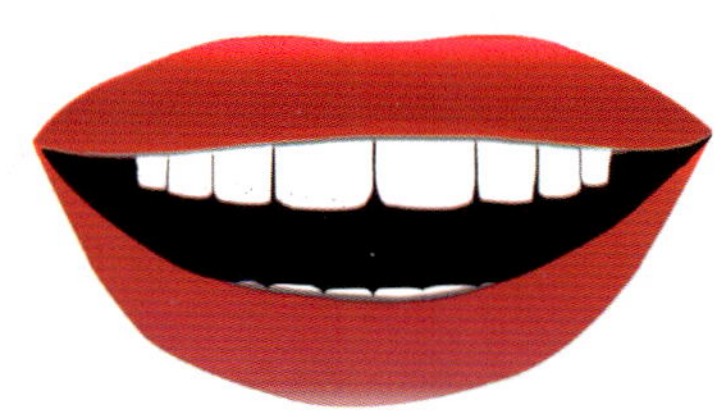

মুখ mukh

a b c d e f g h i j k l m n o p q r s t u v w x y z

a b c d e f g h i j k l m n o p q r s t u v w x y z

mud

কাদা kada

muffin

মাফিন maphin

mug

মগ mag

mule

খচ্চর khachar

muscle

পেশী pesi

museum

জাদুঘর jadughar

mushroom

মাশরুম mashrum

music

সঙ্গীত sangit

musician

সুরকার surakar

Nn

nail

পেরেক perek

napkin

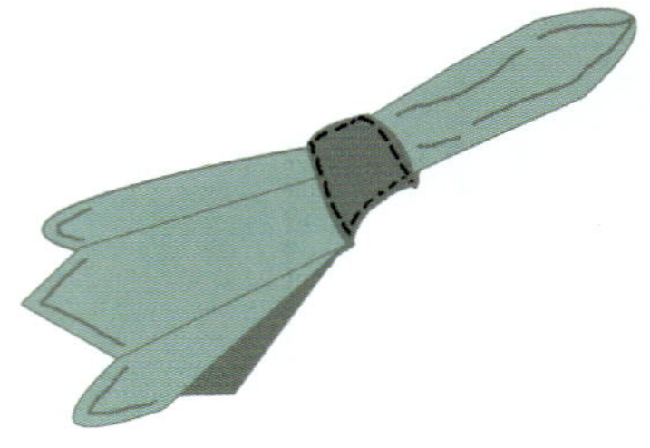

ন্যাপকিন nyapkin

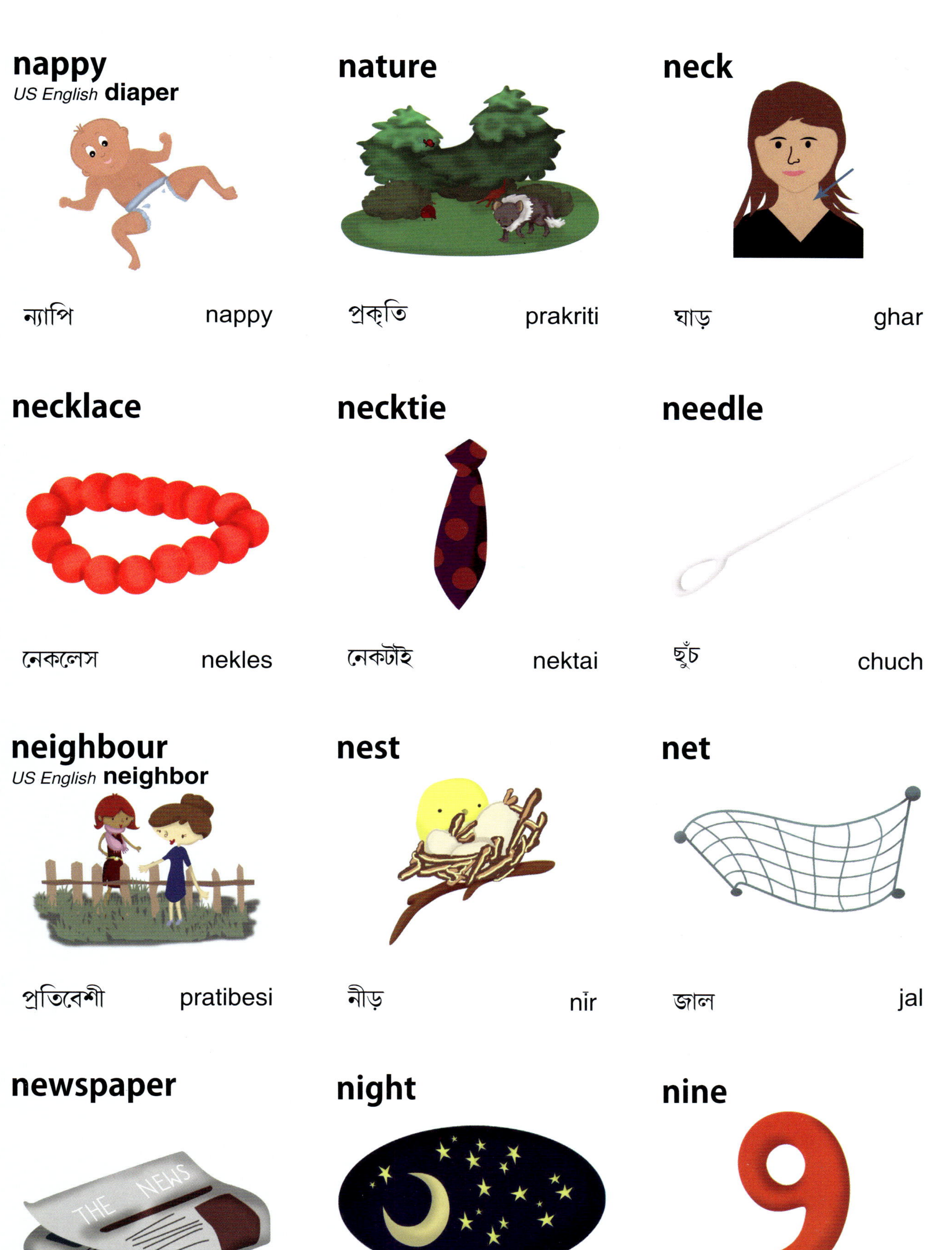

nappy
US English **diaper**

ন্যাপি nappy

nature

প্রকৃতি prakriti

neck

ঘাড় ghar

necklace

নেকলেস nekles

necktie

নেকটাই nektai

needle

ছুঁচ chuch

neighbour
US English **neighbor**

প্রতিবেশী pratibesi

nest

নীড় nīr

net

জাল jal

newspaper

সংবাদপত্র
sambadpatra

night

রাত rat

nine

নয় naya

noodles

নুডল্স nudals

noon

দুপুর dupur

north

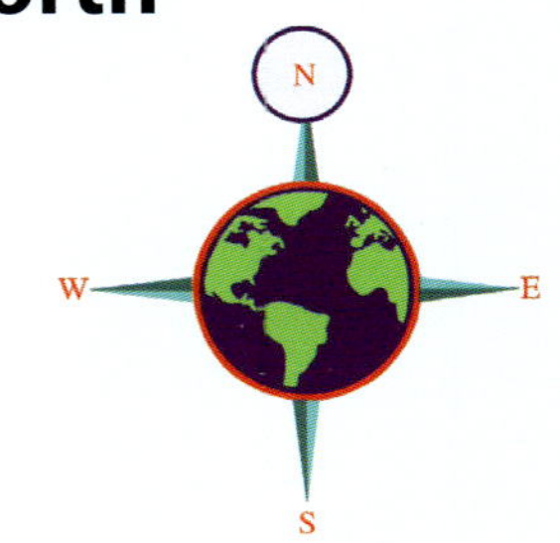

উত্তর uttar

nose

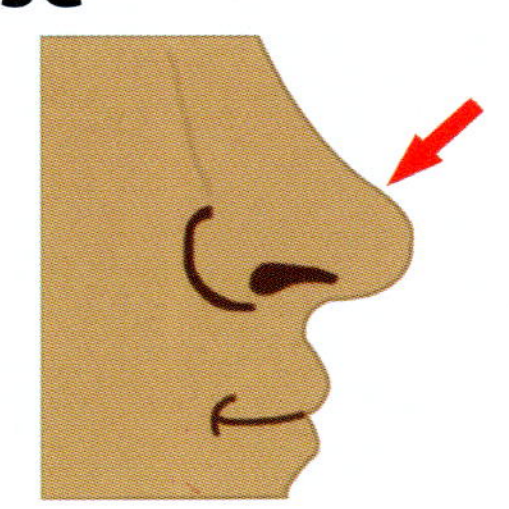

নাক nak

note

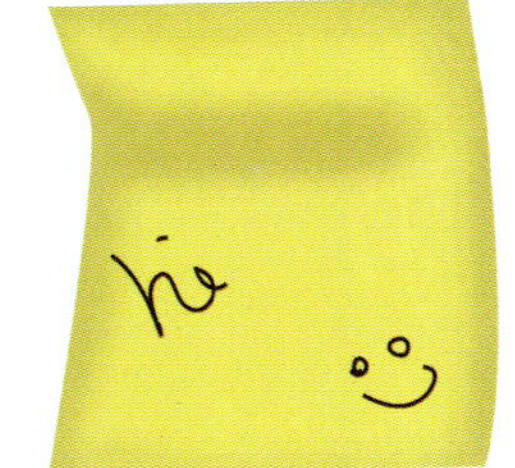

চিরকুট chirkut

notebook

নোট বই not bai

notice

বিজ্ঞপ্তি bigyapti

number

সংখ্যা sankhya

nun

মঠবাসিনী mathabasini

nurse

নার্স nars

nursery

শিশুশালা sisusala

nut

বাদাম badam

oar

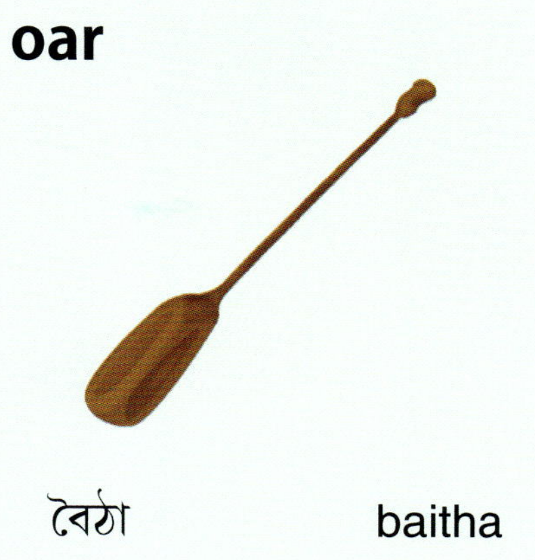

বৈঠা baitha

observatory

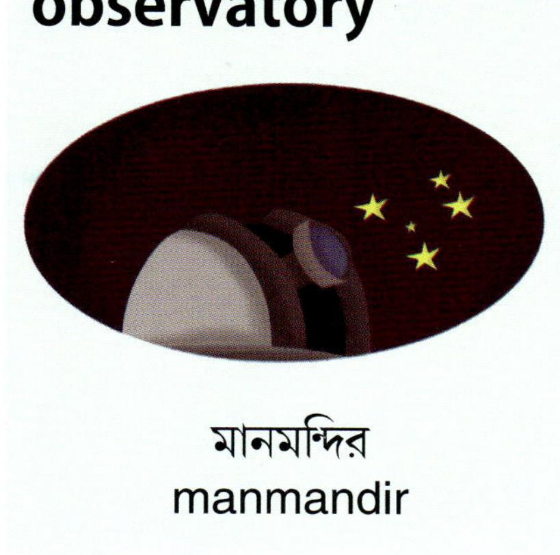

মানমন্দির manmandir

ocean

মহাসাগর mahasagar

octopus

অক্টোপাস aktopas

office

দপ্তর daptar

oil

তেল tel

olive

জলপাই jalpai

omelette

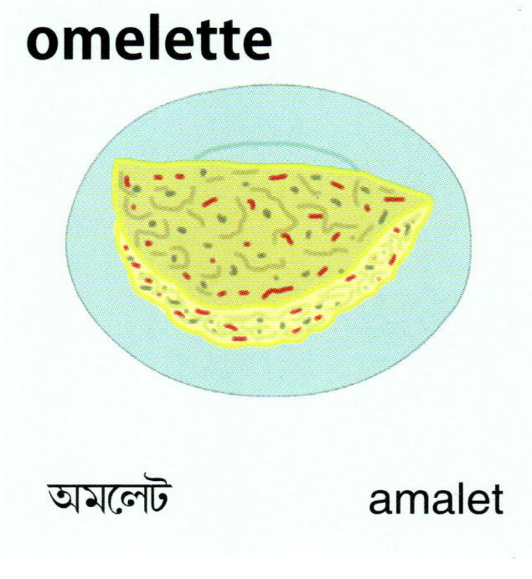

অমলেট amalet

one

এক ek

onion

পেঁয়াজ penyaj

orange

কমলা kamala

orbit

অক্ষিকোটর
akhikotar

orchard

ফলের বাগান
phaler bagan

orchestra

অর্কেস্ট্রা arkestra

ostrich

উট পাখী ut pakhi

otter

ভোঁদড় bhomdar

oval

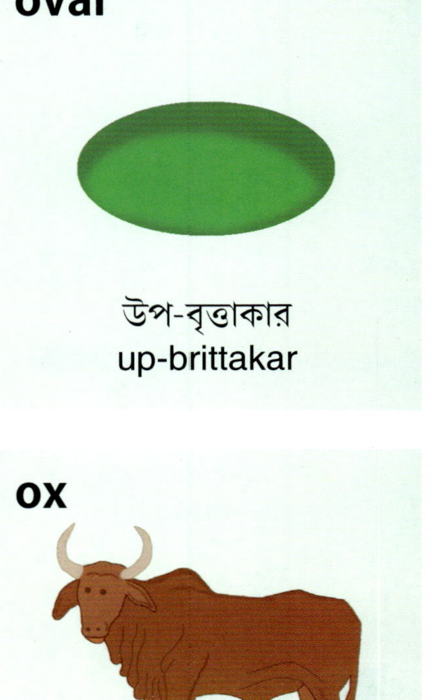

উপ-বৃত্তাকার
up-brittakar

oven

উনুন unun

owl

পেঁচা pemcha

ox

বলদ balad

packet

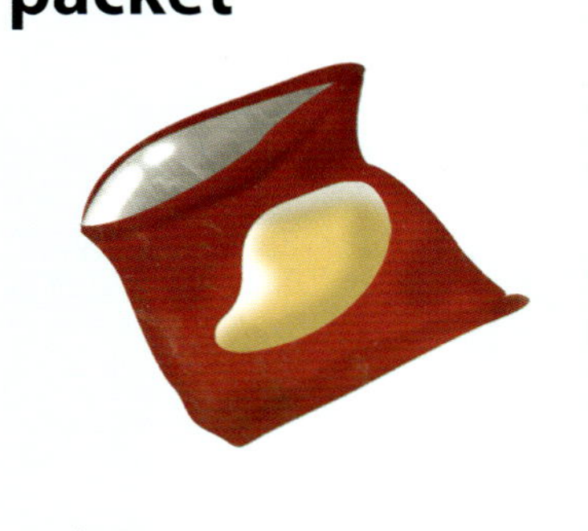

মোড়ক morak

page

পৃষ্ঠা prishtha

pain
ব্যথা byatha

paint
রং rangh

painting
চিত্র citra

pair
যুগল yugal

palace
প্রাসাদ prasad

palm
করতল karatal

pan
চাটু chatu

pancake
প্যানকেক pyanakek

panda
পাণ্ডা panda

papaya
পেঁপে pempe

paper
কাগজ kagoj

parachute
প্যারাশুট pyarasut

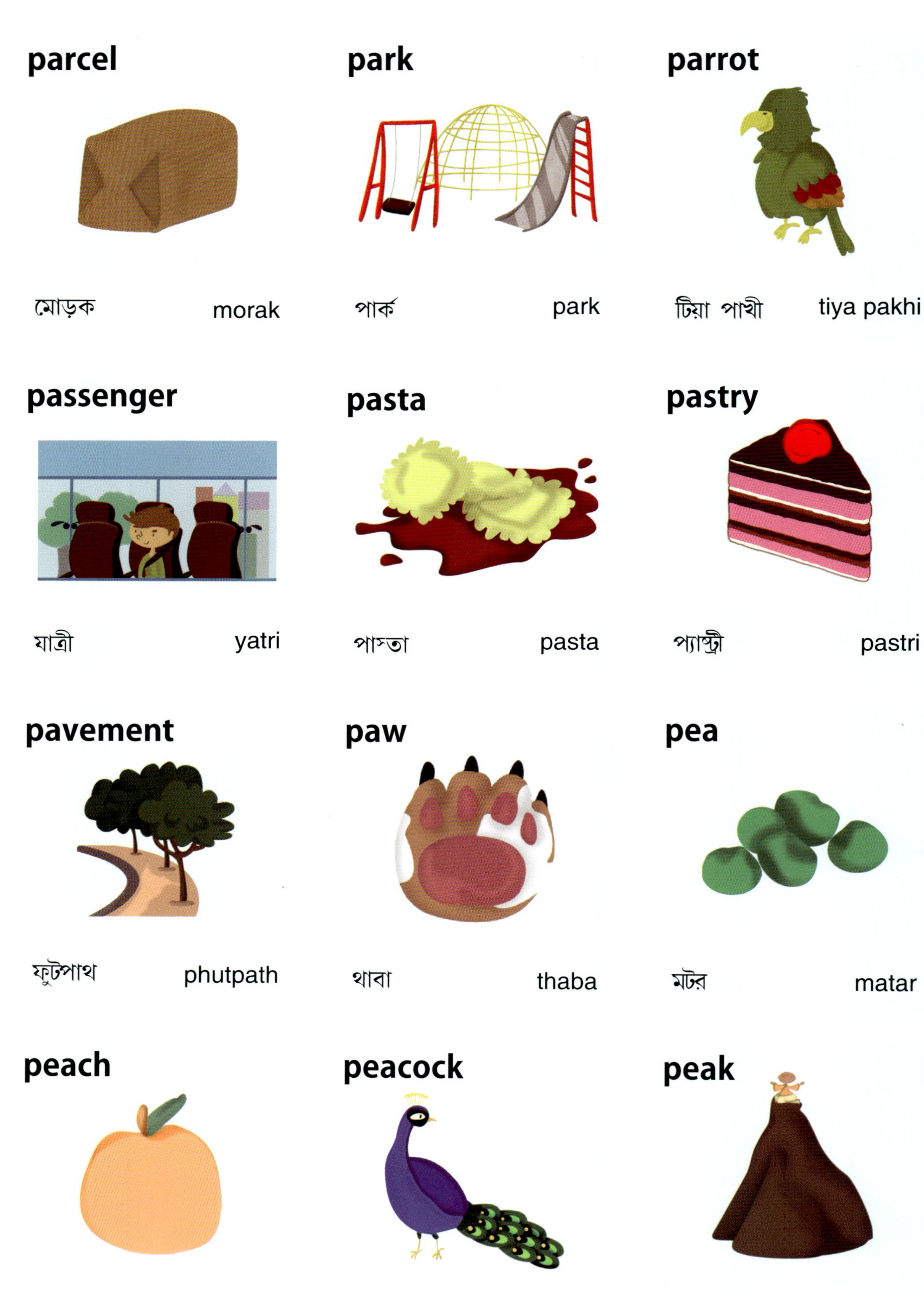

parcel

মোড়ক morak

park

পার্ক park

parrot

টিয়া পাখী tiya pakhi

passenger

যাত্রী yatri

pasta

পাস্তা pasta

pastry

প্যাস্ট্রী pastri

pavement

ফুটপাথ phutpath

paw

থাবা thaba

pea

মটর matar

peach

পীচ pīch

peacock

ময়ুর mayur

peak

শিখর sikhar

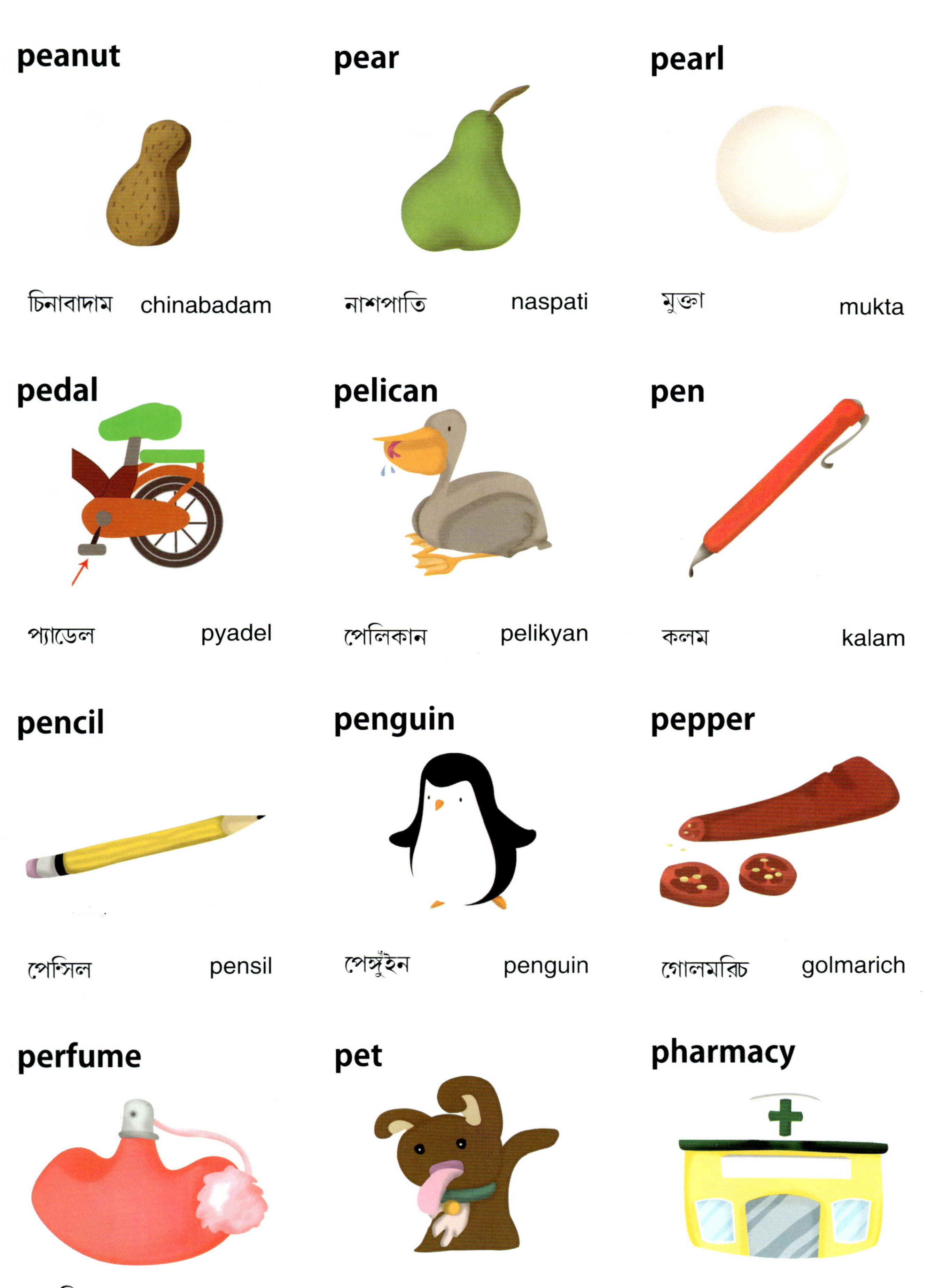

peanut

চিনাবাদাম chinabadam

pear

নাশপাতি naspati

pearl

মুক্তা mukta

pedal

প্যাডেল pyadel

pelican

পেলিকান pelikyan

pen

কলম kalam

pencil

পেন্সিল pensil

penguin

পেঙ্গুইন penguin

pepper

গোলমরিচ golmarich

perfume

সুগন্ধি sugandhi

pet

পোষা posa

pharmacy

ঔষধালয় ausadhalaya

a b c d e f g h i j k l m n o p q r s t u v w x y z

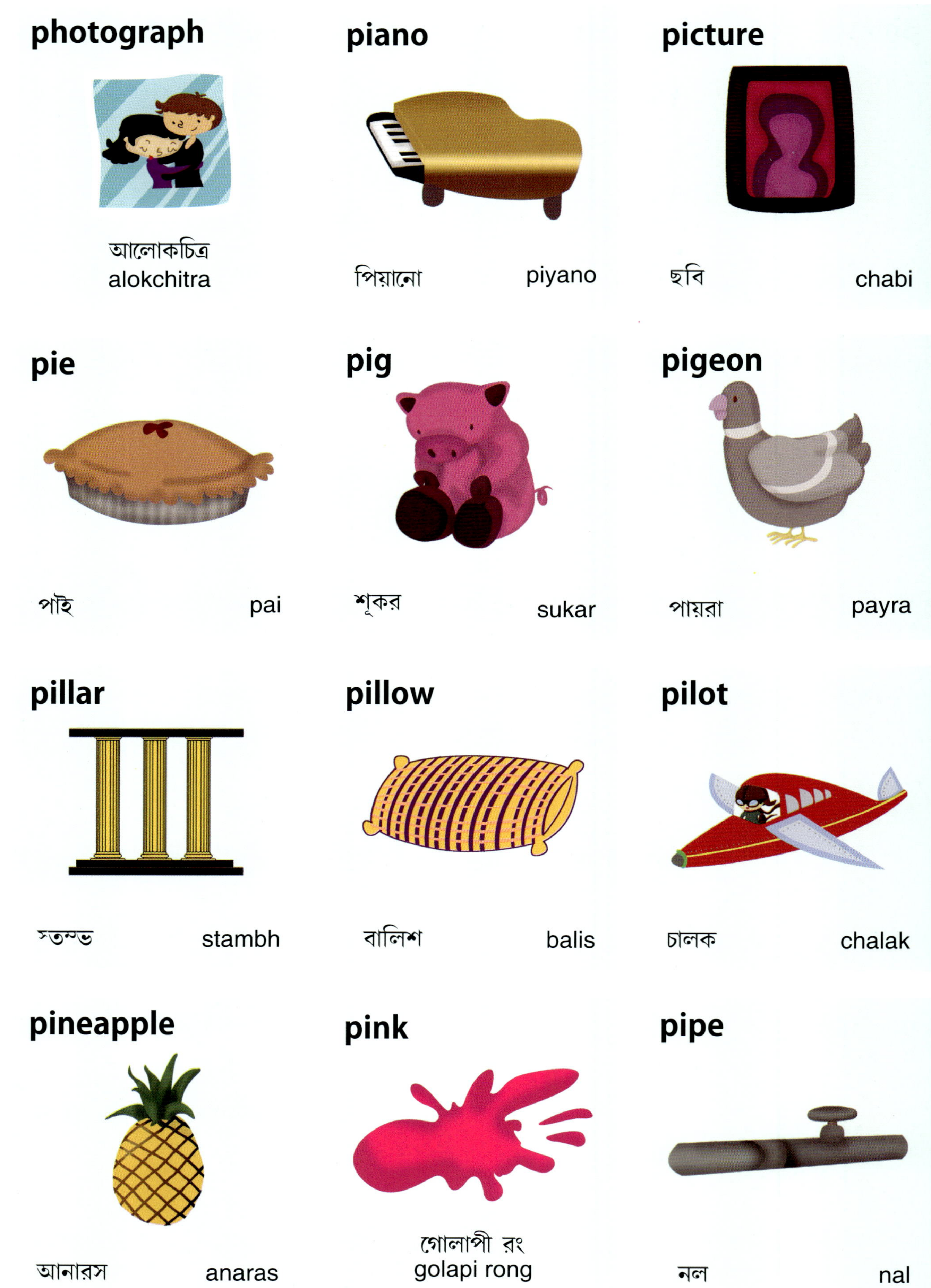

a b c d e f g h i j k l m n o p q r s t u v w x y z

pizza

পিজ্জা pijja

planet

গ্রহ graha

plant

উদ্ভিদ udbhid

plate

প্লেট plet

platform

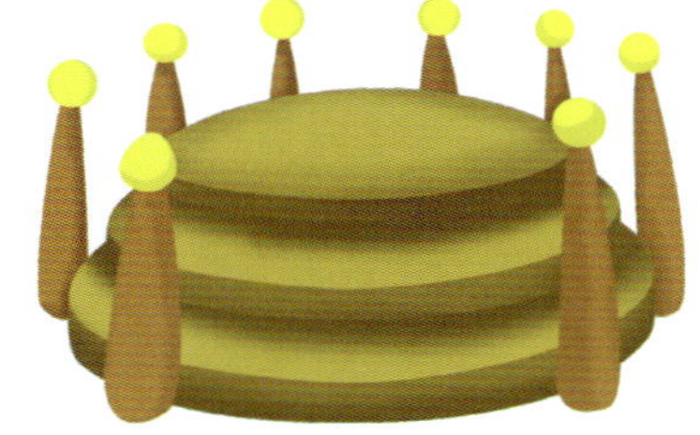

মাচা macha

platypus

প্লাটিপাস platipas

player

খেলোয়াড় kheloyar

plum

ফলবিশেষ falbisesh

plumber

কলমিস্ত্রী kalmistri

plywood

কাঠ বিশেষ
kath bisesh

pocket

পকেট paket

poet

কবি kabi

polar bear

মেরু ভল্লুক
meru bhaluk

police

পুলিশ pulis

pollution

দূষণ dusan

pomegranate

ডালিম dalim

pond

পুকুর pukur

porcupine

শজারু sajaru

port

বন্দর bandar

porter

কুলি kuli

postcard

পোস্টকার্ড postkard

postman

পিয়ন pion

post office

ডাক ঘর dak ghor

pot

পাত্র patre

potato

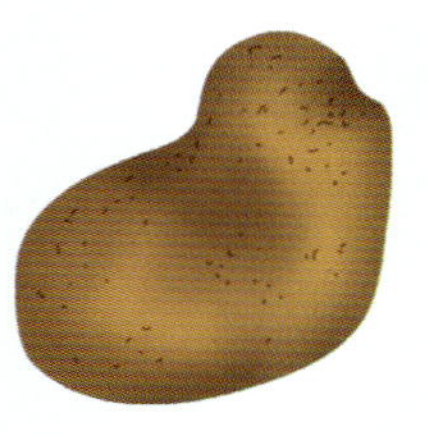

আলু alu

powder

গুঁড়া gura

prawn
US English **shrimp**

চিংড়ি chingri

priest

পুরোহিত purohit

prince

রাজপুত্র rajputra

prison

কারাগার karagar

pudding

পুডিং puding

pump

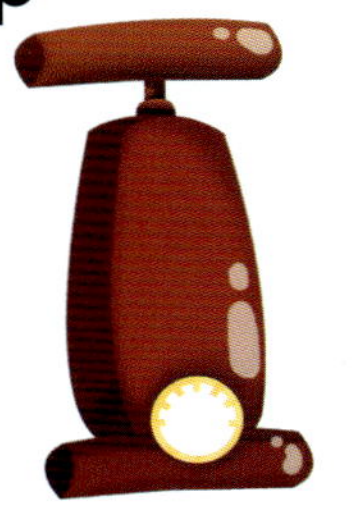

পাম্প pamp

pumpkin

কুমড়ো kumro

puppet

পুতুল putul

puppy

কুকুর ছানা
kukurchana

purse

টাকার থলি takar thali

quail

কোয়েল quail

quarry

পাথরের খনি
patharer khani

queen

রাণী rani

queue

কিউ kiu

quiver

তূণীর tunir

Rr

rabbit

খরগোশ khargos

rack

তাক tak

racket

র‍্যাকেট racket

radio

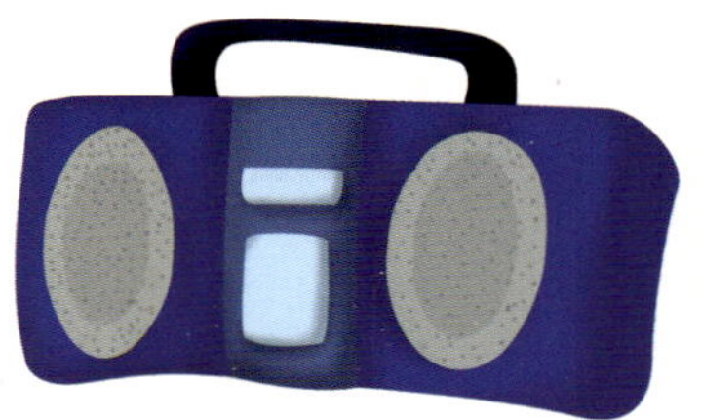

রেডিও redio

radish

মূলো mulo

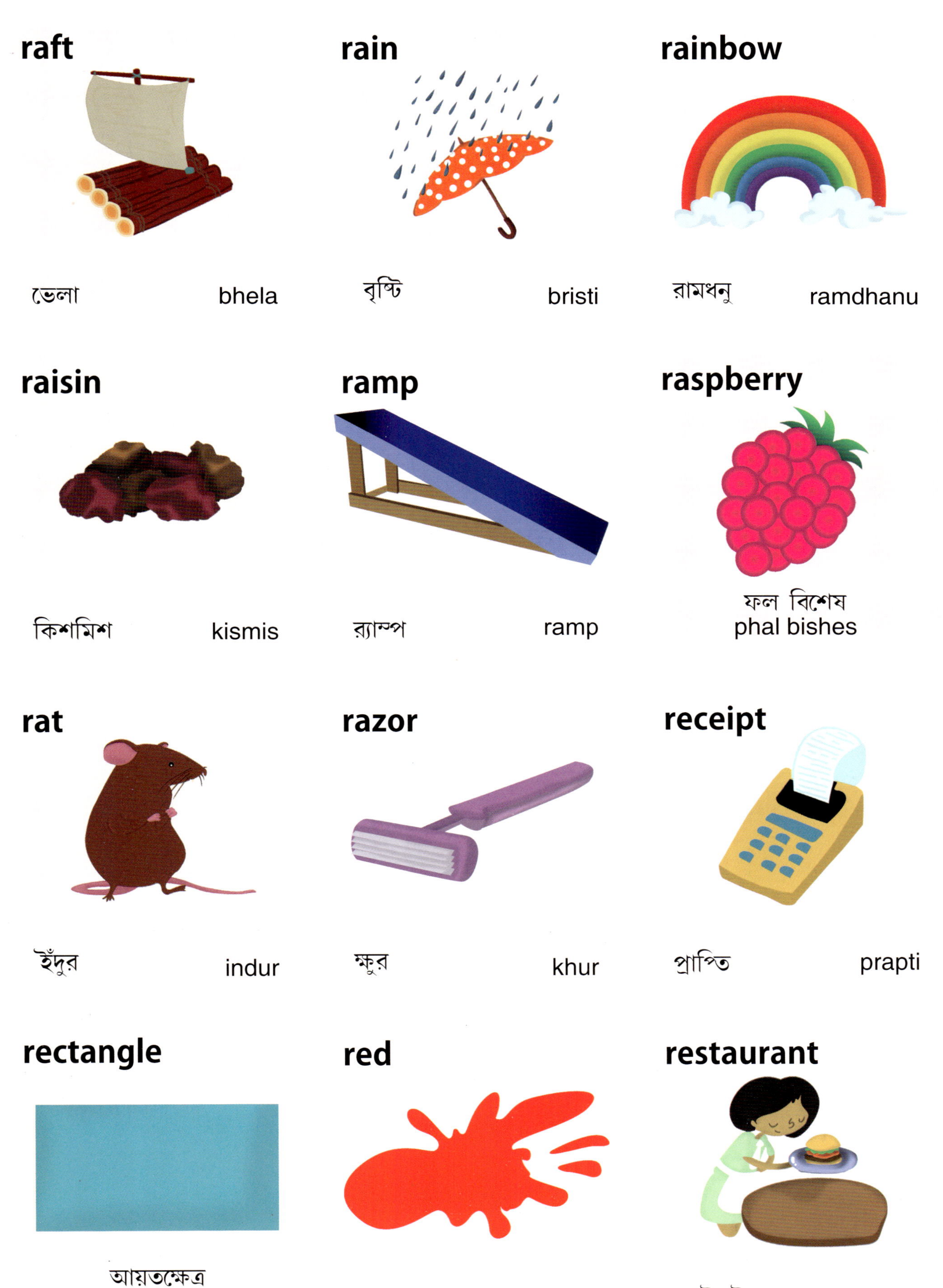

raft

ভেলা bhela

rain

বৃষ্টি bristi

rainbow

রামধনু ramdhanu

raisin

কিশমিশ kismis

ramp

র‍্যাম্প ramp

raspberry

ফল বিশেষ
phal bishes

rat

ইঁদুর indur

razor

ক্ষুর khur

receipt

প্রাপ্তি prapti

rectangle

আয়তক্ষেত্র
ayataksetra

red

লাল lal

restaurant

রেস্টুরেন্ট resturent

a b c d e f g h i j k l m n o p q r s t u v w x y z

a b c d e f g h i j k l m n o p q r s t u v w x y z

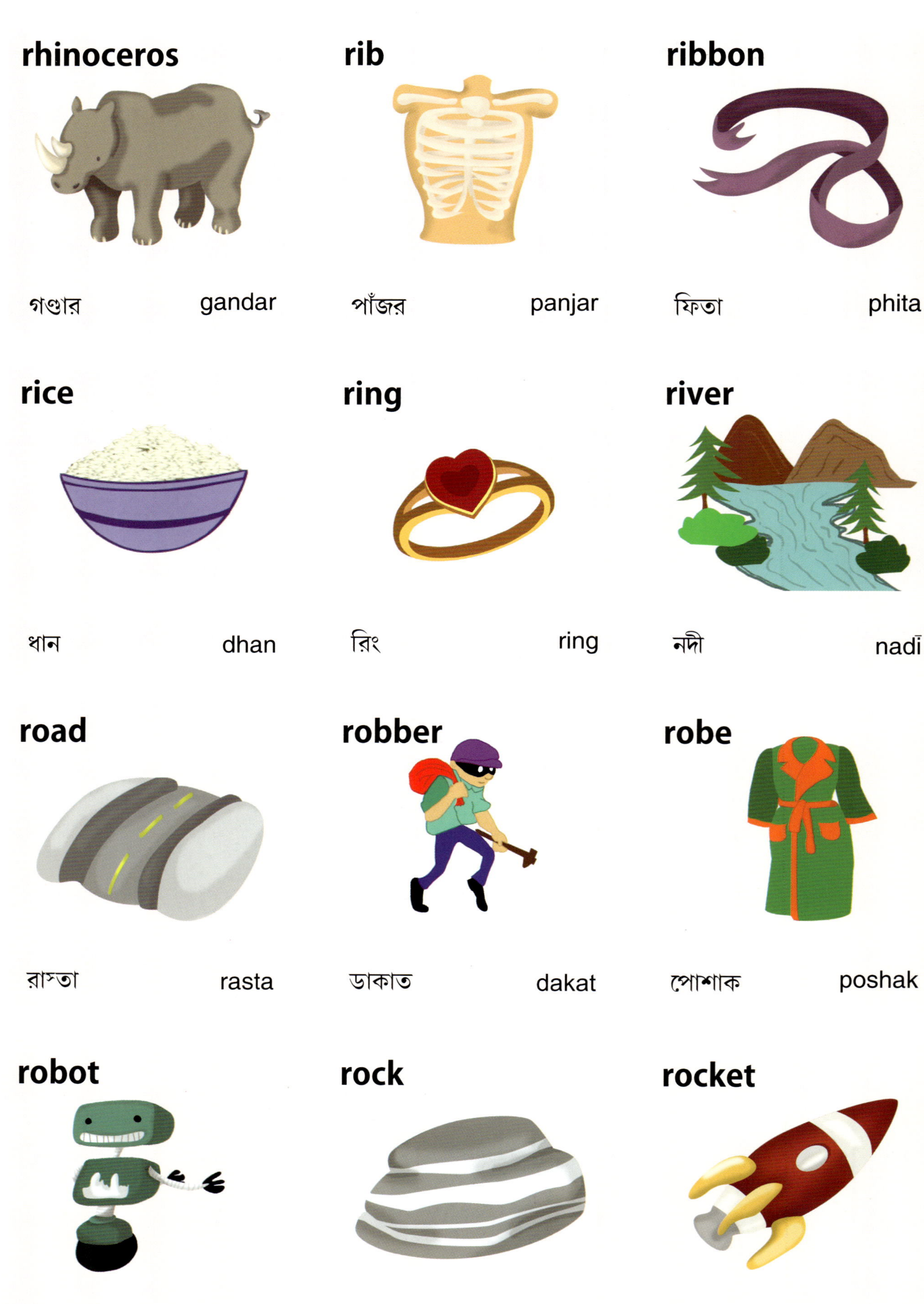

rhinoceros
গণ্ডার gandar

rib
পাঁজর panjar

ribbon
ফিতা phita

rice
ধান dhan

ring
রিং ring

river
নদী nadī

road
রাস্তা rasta

robber
ডাকাত dakat

robe
পোশাক poshak

robot
রোবট robat

rock
শিলা sila

rocket
রকেট raket

roller coaster

রোলার কোস্টার
rolar kostar

room

কক্ষ kakho

root

শিকড় sikar

rope

দড়ি dari

rose

গোলাপ golap

round

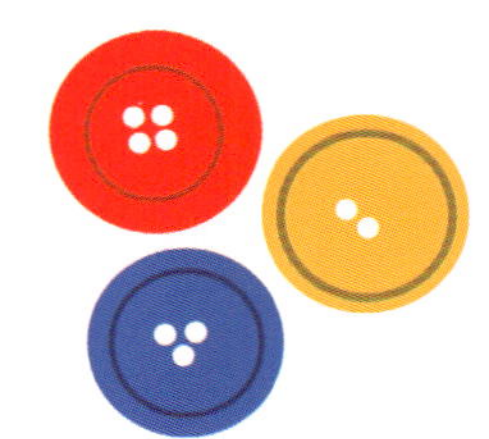

বৃত্তাকার brittakar

rug

কম্বল kambal

rugby

রাগবি খেলা
ragabi khela

ruler

শাসক sasak

Ss

sack

বস্তা basta

sail

পাল pal

sailor

নাবিক nabik

salad

স্যালাদ salad

salt

লবণ laban

sand

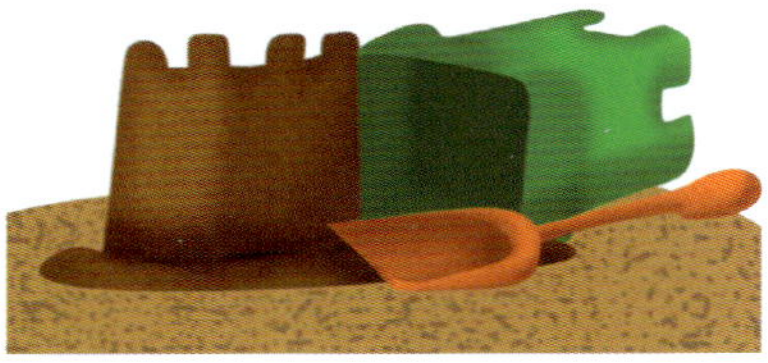

বালি bali

sandwich

স্যাণ্ডউইচ syandauich

satellite

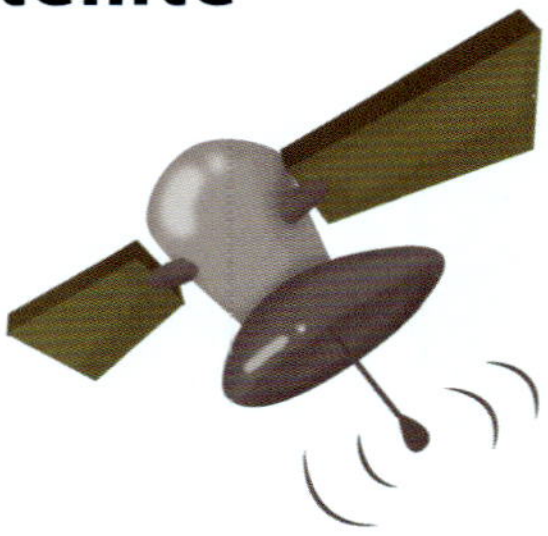

উপগ্রহ upagraha

saucer

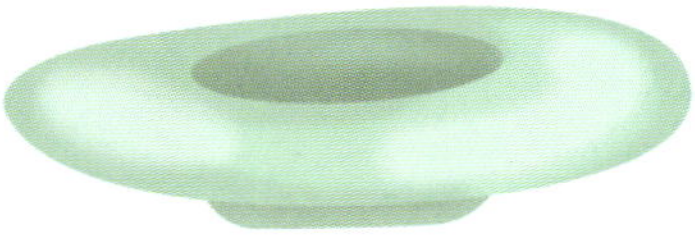

ছোট থালা choto thala

sausage

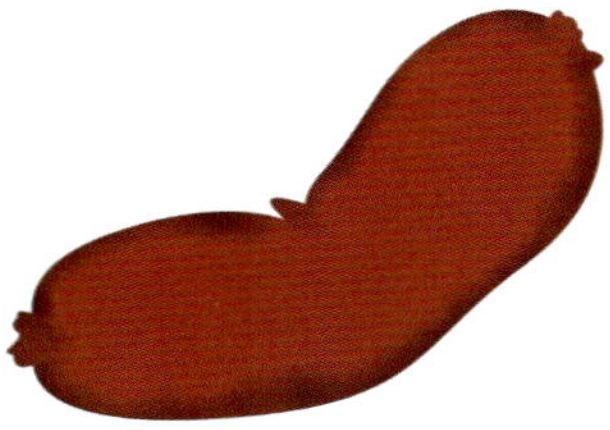

সসেজ saseja

saw

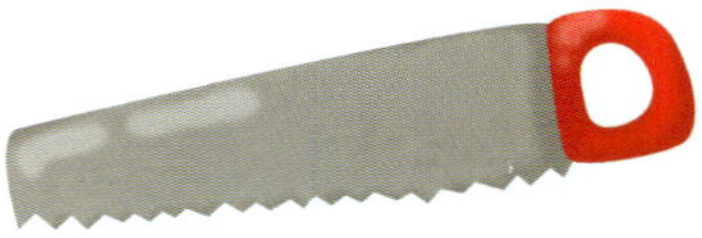

করাত karat

scarf

স্কার্ফ skarph

school

স্কুল skul

scissors

কাঁচি kanchi

scooter
স্কুটার
skutar
scorpion
বৃশ্চিক
brischik
screw
স্ক্রু
skru
sea
সমুদ্র
samudra
seal
সীল
sil
seat
আসন
asan
see-saw
দোলনা
dolna
seven
সাত
sat
shadow
ছায়া
chaya
shampoo
শ্যাম্পু
syampu
shark
হাঙ্গর
hangar
sheep
মেষ
mes

a b c d e f g h i j k l m n o p q r s t u v w x y z

shelf

তাক tak

shell

খোল khol

shelter

আশ্রয় asroy

ship

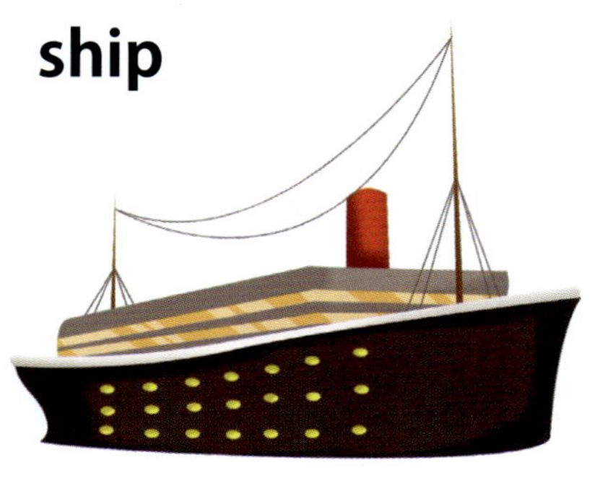

জাহাজ jahaj

shirt

শার্ট sart

shoe

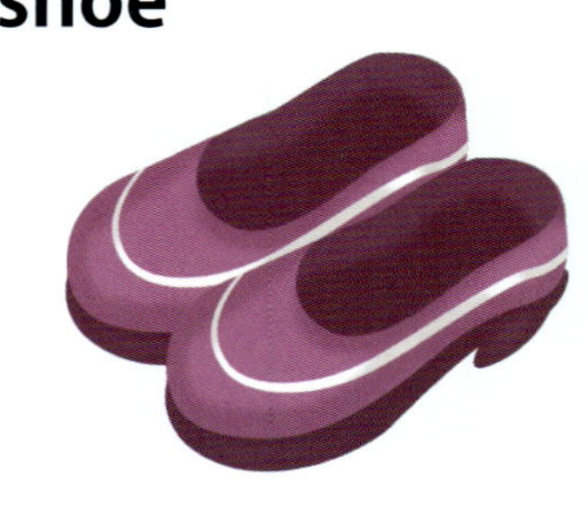

জুতা juta

shorts

হাফ প্যান্ট haph pyant

shoulder

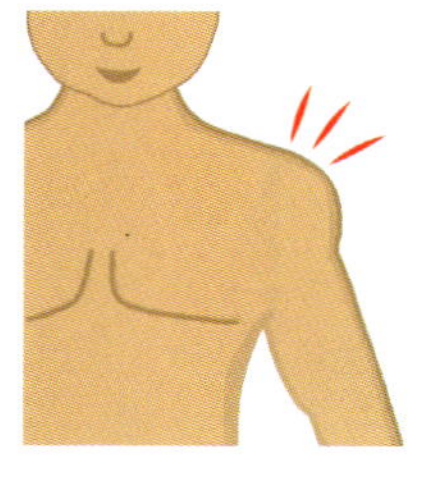

কাঁধ kandh

shower

ঝরনা jharana

shutter

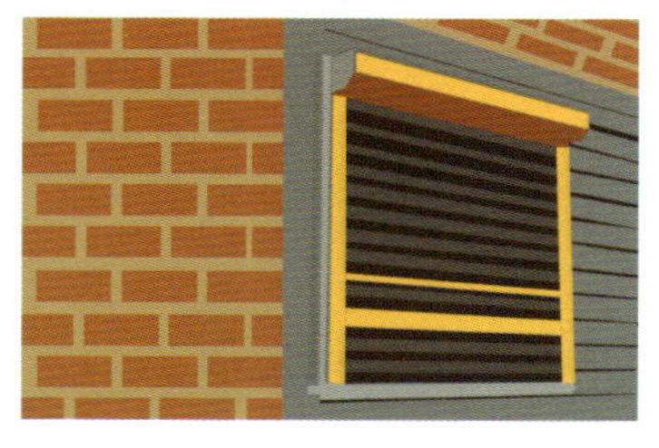

শাটার shutter

shuttlecock

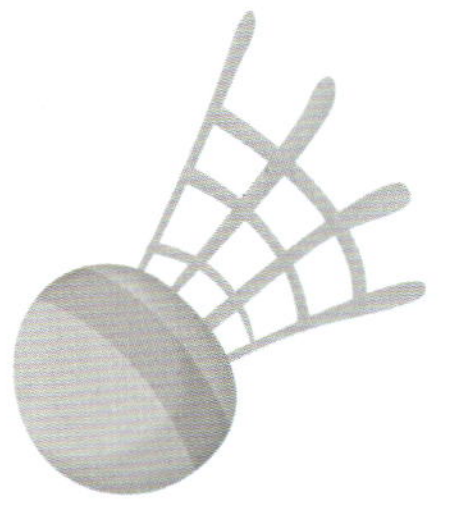

শ্যাটল কক্ syatal kak

signal

সংকেত sanket

silver

রূপা rupa

sink

ডুবা duba

sister

বোন bon

six

ছয় chay

skate

স্কেইট skeit

skeleton

কঙ্কাল kanikal

ski

স্কী ski

skin

চামড়া camara

skirt

স্কার্ট skart

skull

খুলি khuli

sky

আকাশ akas

skyscraper

গগনচুম্বী gaganacumbī

a b c d e f g h i j k l m n o p q r s t u v w x y z

a b c d e f g h i j k l m n o p q r s t u v w x y z

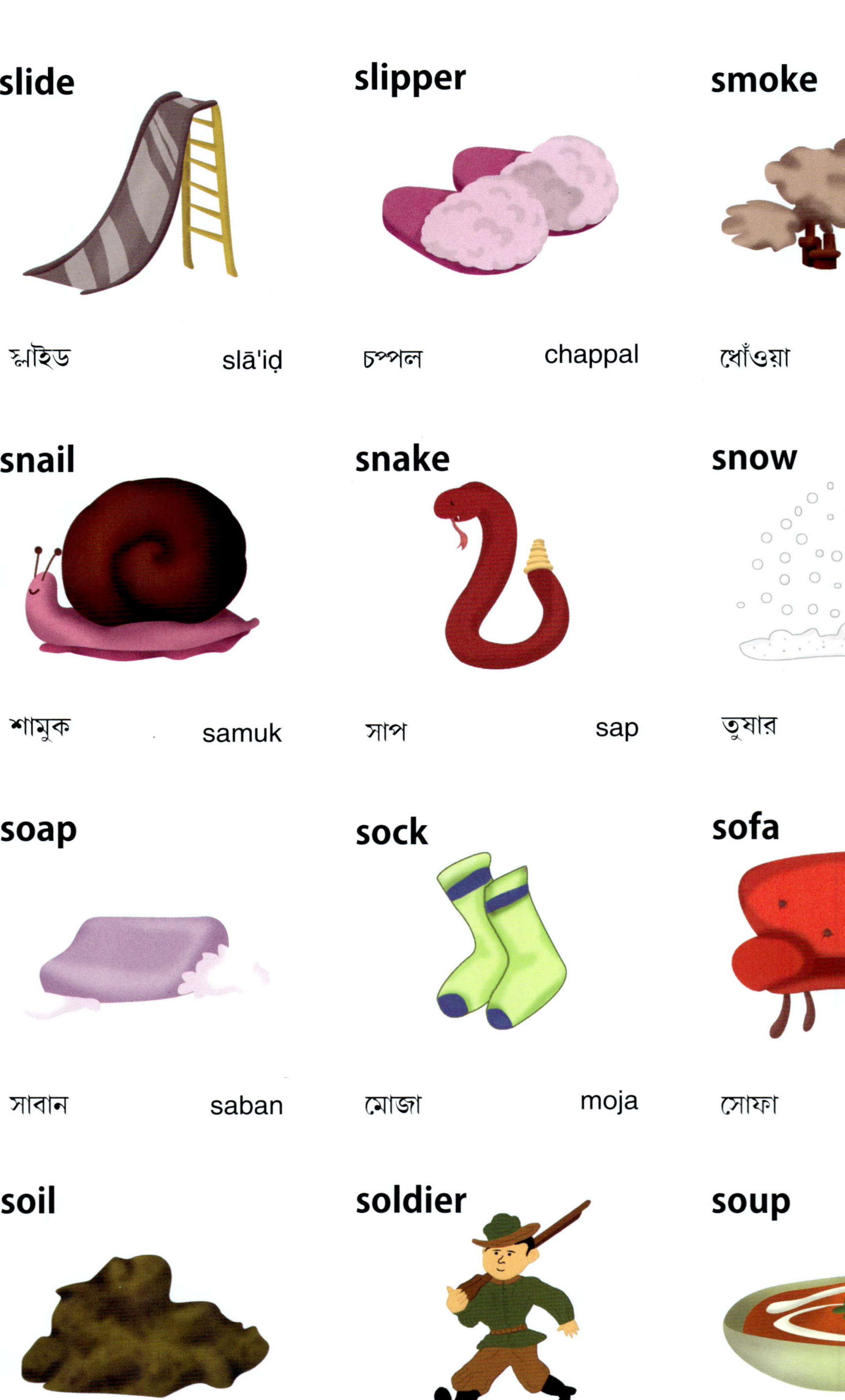

slide
স্লাইড slā'iḍ

slipper
চপ্পল chappal

smoke
ধোঁওয়া dhonya

snail
শামুক samuk

snake
সাপ sap

snow
তুষার tushar

soap
সাবান saban

sock
মোজা moja

sofa
সোফা sopha

soil
মাটি mati

soldier
সৈনিক sainik

soup
সুপ sup

space

স্থান sthan

spaghetti

স্প্যাঘেটি spyaghati

sphere

গোলক golak

spider

মাকড়শা makarsha

spinach

শাক sak

sponge

স্পঞ্জ sponge

spoon

চামচ chamoch

spray

স্প্রে spre

spring

বসন্ত basanta

square

বর্গক্ষেত্র bargakhetra

squirrel

কাঠবিড়ালী kathbirali

stadium

স্টেডিয়াম stediyam

a b c d e f g h i j k l m n o p q r s t u v w x y z

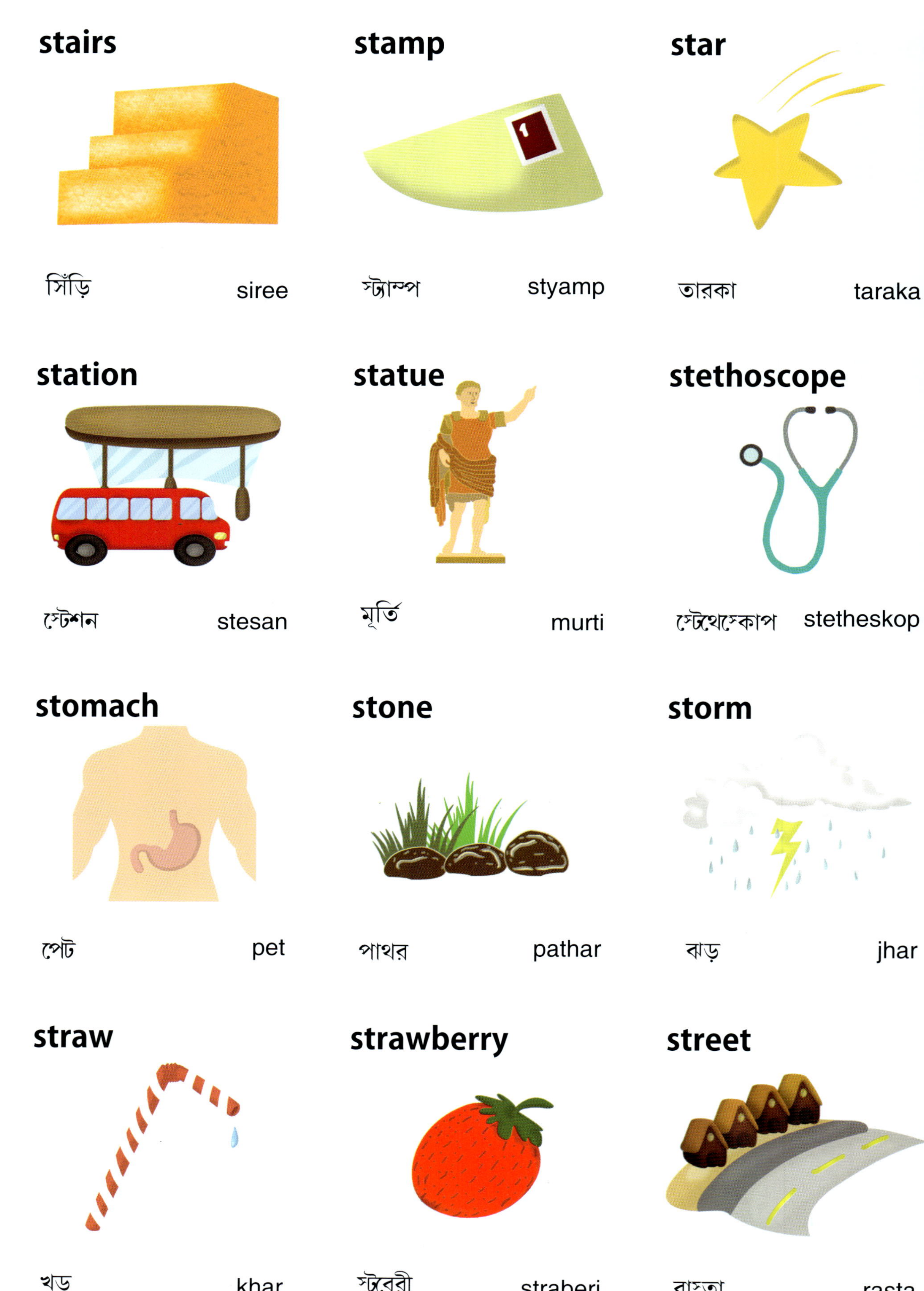

student

ছাত্র chatra

submarine

ডুবোজাহাজ dubojahaj

subway

ভূগর্ভস্থ পথ
bhugarbhastha path

sugar

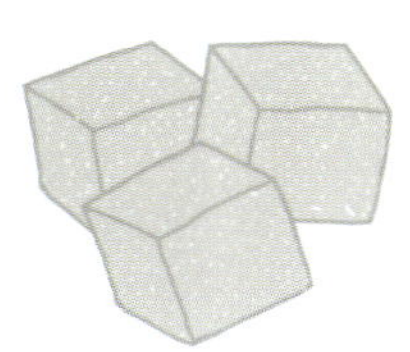

চিনি chini

sugarcane

আখ akh

summer

গ্রীষ্ম grisma

sun

সূর্য surya

supermarket

সুপার মার্কেট
supar market

swan

রাজহাঁস rajahans

sweet

মিষ্টি misti

swimming pool

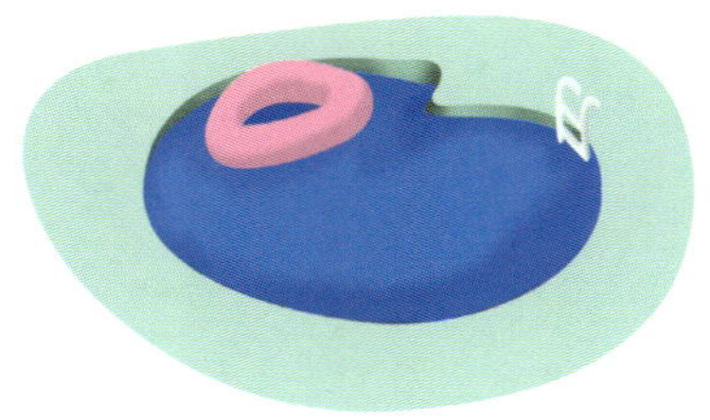

সুইমিং পুল suiming pul

swimsuit

সাঁতারের পোশাক
santarer poshak

swing

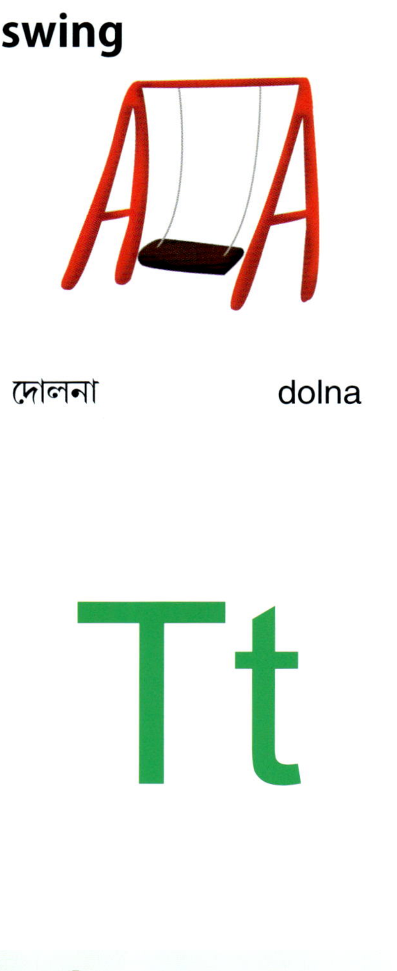

দোলনা dolna

switch

সুইচ suich

syrup

সিরাপ sirāpa

Tt

table

টেবিল tebil

tall

লম্বা lamba

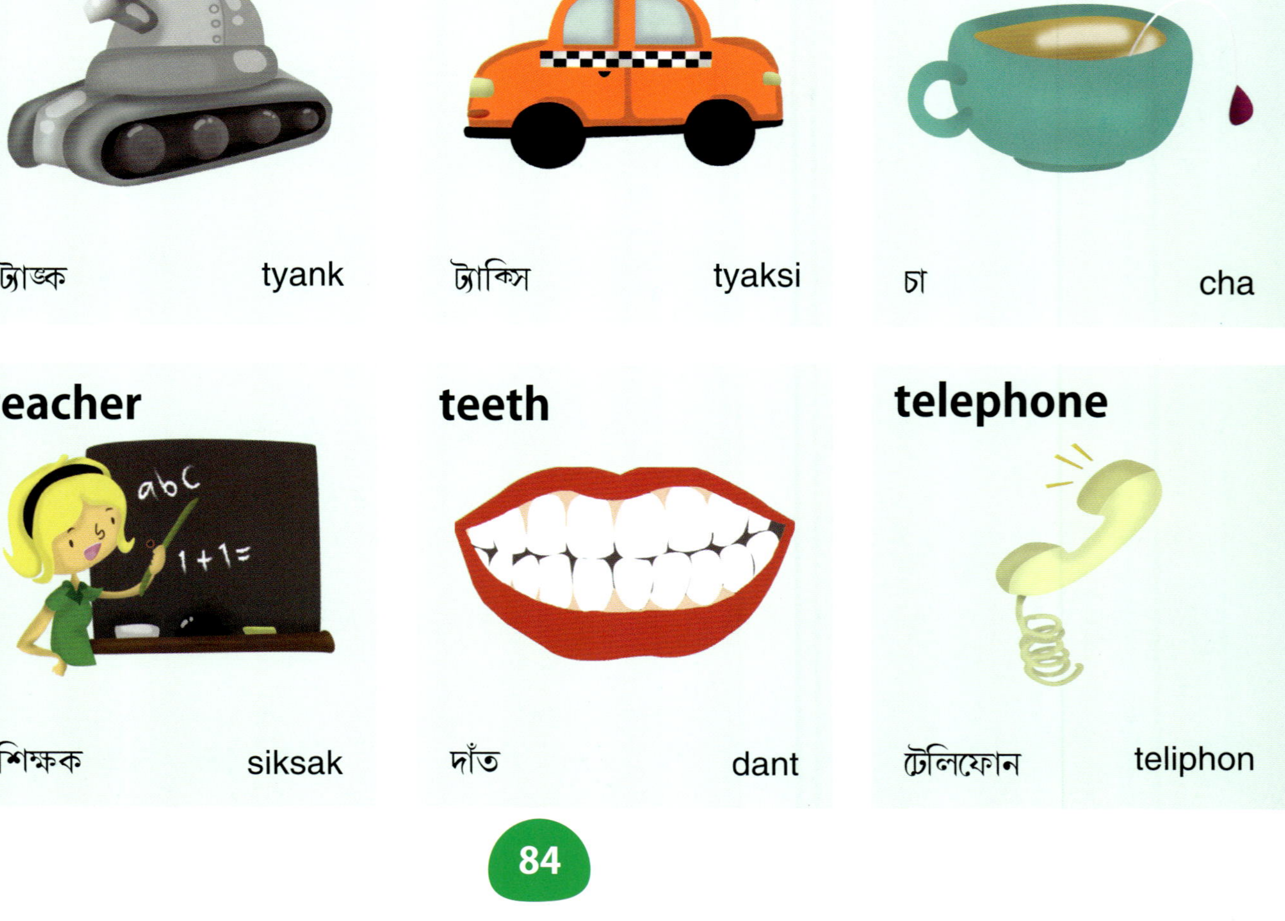

tank

ট্যাঙ্ক tyank

taxi

ট্যাক্সি tyaksi

tea

চা cha

teacher

শিক্ষক siksak

teeth

দাঁত dant

telephone

টেলিফোন teliphon

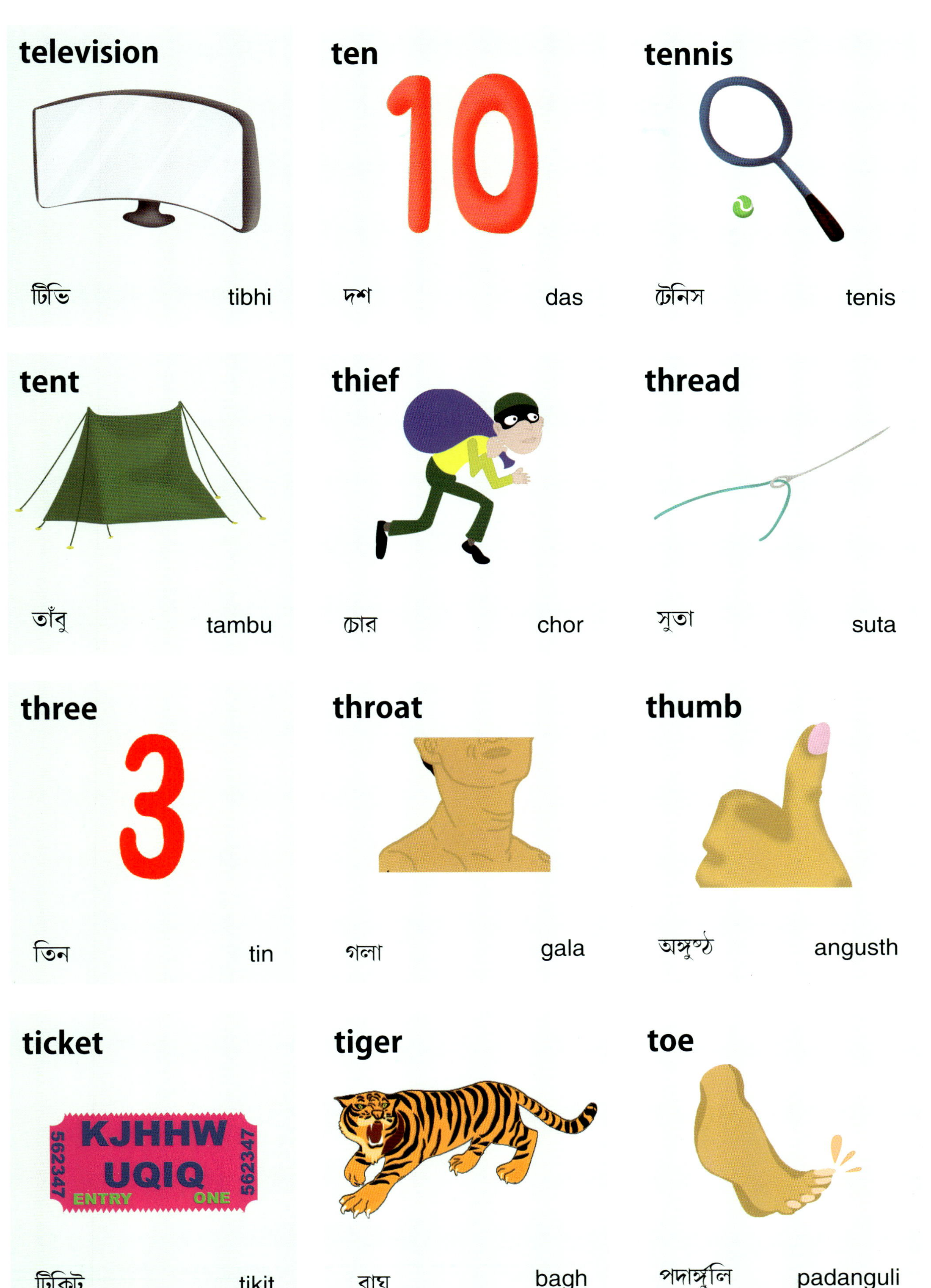

television
টিভি tibhi

ten
দশ das

tennis
টেনিস tenis

tent
তাঁবু tambu

thief
চোর chor

thread
সুতা suta

three
তিন tin

throat
গলা gala

thumb
অঙ্গুষ্ঠ angusth

ticket
টিকিট tikit

tiger
বাঘ bagh

toe
পদাঙ্গুলি padanguli

tofu
টফু — taphu

tomato
টম্যাটো — tameto

tongue
জিভ — jiv

tool
টুল — tul

toothbrush
টুথ ব্রাশ — tuthabras

toothpaste
দাঁতের মাজন
danter majan

tortoise
কচ্ছপ — kacchap

towel
তোয়ালে — toaley

tower
মিনার — minar

toy
খেলনা — khelna

tractor
ট্র্যাক্টর — tryaktar

train
রেল গাড়ী — relgari

tree

বৃক্ষ briksa

triangle

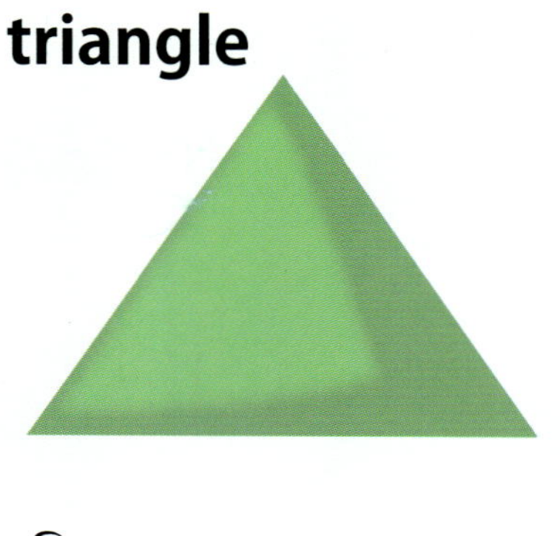

ত্রিভুজ tribhuj

tub

টব tab

tunnel

সুড়ঙ্গ suranga

turnip

শালগম salgam

tyre
US English **tire**

চাকা chaka

umbrella

ছাতা chata

uncle

কাকা kaka

uniform

অভিন্ন পোশাক
abhinna poshak

university

বিশ্ববিদ্যালয়
bisbabidyala

utensil

বাসনপত্র basanpatra

vacuum cleaner

ভ্যাকুয়াম ক্লীনার
bhyakuyam klinar

valley

উপত্যকা upatyaka

van

ভ্যান vain

vase

দানি dani

vault

সিন্দুক sinduk

vegetable

শাকসব্জি saksabji

veil

পর্দা parda

vet

পশুচিকিৎসক
pasuchikitsak

village

গ্রাম gram

violet

বেগুনী beguni

violin

বেহালা behala

volcano

আগ্নেয়গিরি
agneyagiri

volleyball

ভলিবল খেলা
bhalibal khela

vulture

শকুনি sakuni

Ww

waist

কোমর komar

waitress

ওয়েট্রেস oyetres

wall

প্রাচীর prachir

wallet

মানিব্যাগ manibyag

walnut

আখরোট akhrot

wand

কর্তৃত্বের প্রতীকস্বরূপ বাহিত দণ্ড
kartriter pratiksarup bahait danda

wardrobe

পোশাকের আলমারী
posaker almari

warehouse

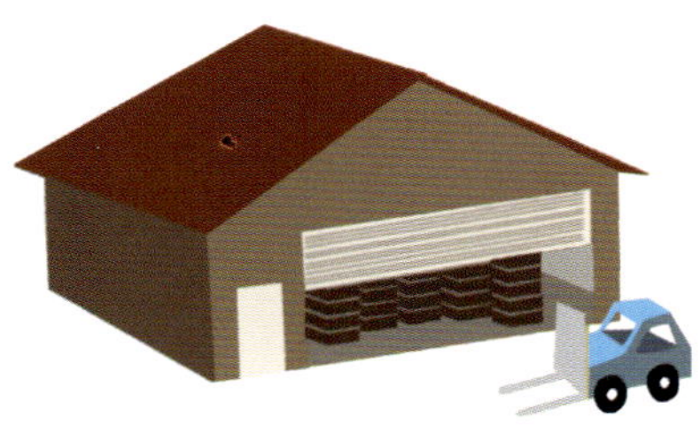

গুদাম gudam

a b c d e f g h i j k l m n o p q r s t u v w x y z

a b c d e f g h i j k l m n o p q r s t u v w x y z

wasp

বোলতা bolta

watch

ঘড়ি ghari

water

জল jal

watermelon

তরমুজ taramuj

web

জাল jaal

whale

তিমি মাছ timi

wheat

গম gam

wheel

চাকা chaka

whistle

বাঁশি banshi

white

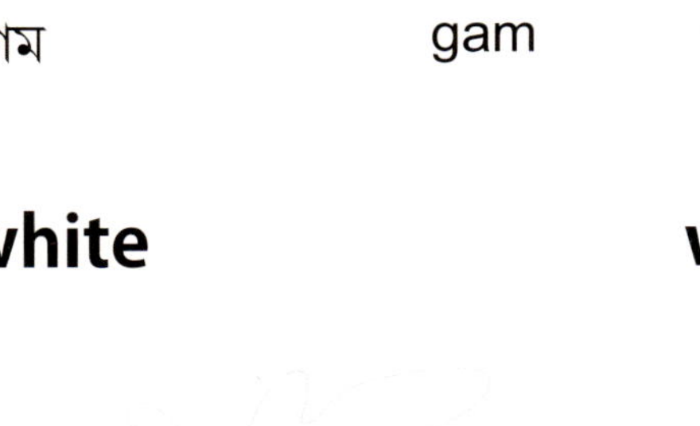

সাদা sada

wife

স্ত্রী stri

window

জানলা janala

wing

ডানা dana

winter

শীত sit

wizard

জাদুগর jadugar

wolf

নেকড়ে nekre

woman

নারী nari

woodpecker

কাঠঠোকরা
kaththokra

wool

উল ul

workshop

কারখানা karkhana

wrist

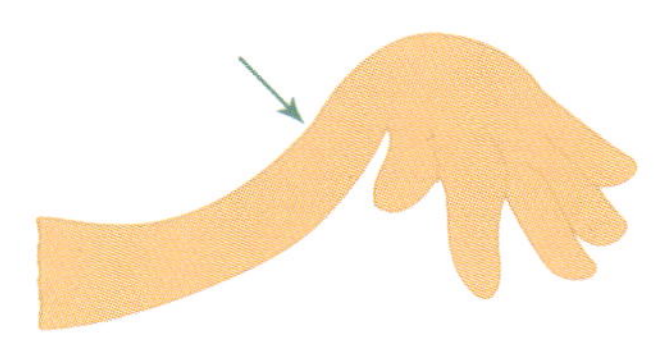

কব্জি kabji

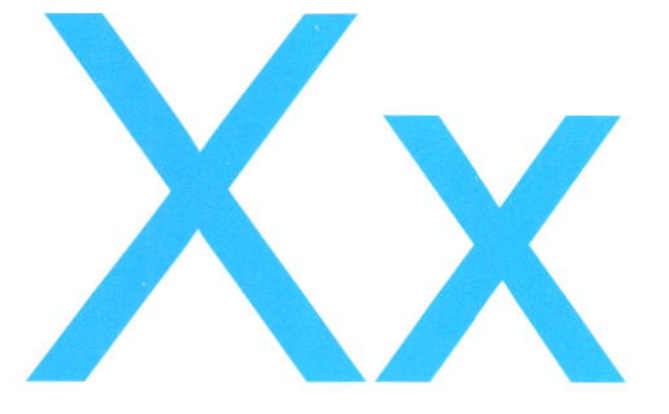

Xx

x-ray

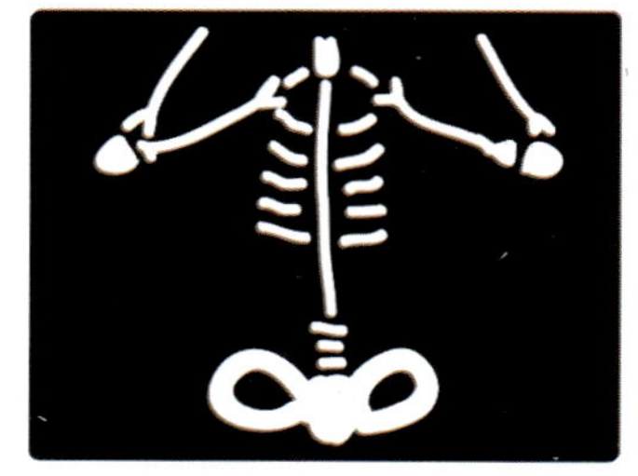

এক্স-রে x-ray

xylophone

বাদ্যযন্ত্রবিশেষ
badyayantrabises

yacht

নৌকা nauka

yak

ইয়াক yiak

yard

গজ gaj

yellow

হলুদ halud

yoghurt

দই dai

zebra

জেব্রা jebra

zero

শূন্য sunya

zip

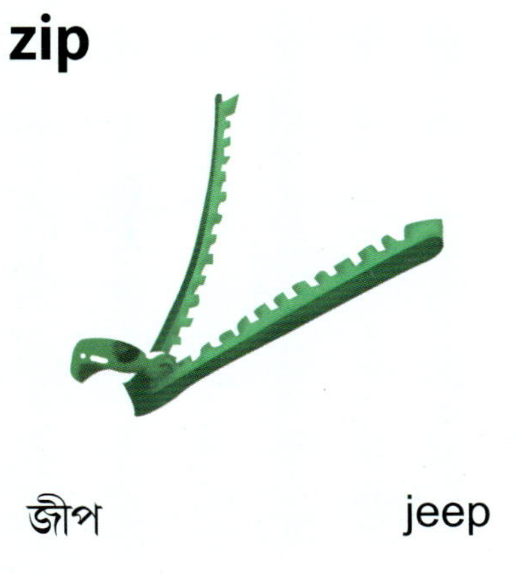

জীপ jeep

zodiac

রাশিচক্র rasichakra

zoo

চিড়িয়াখানা
chiriyakhana

a b c d e f g h i j k l m n o p q r s t u v w x y z